Bibliografische Information Der Deutschen Bibliothek
Die Deutsche Bibliothek verzeichnet diese Publikation in der Deutschen Nationalbibliografie; detaillierte bibliografische Daten sind im Internet über *http://dnb.ddb.de* abrufbar.

Der Umwelt zuliebe ist dieses Buch auf chlorfrei gebleichtem Papier gedruckt.

ISBN-10: 3-7855-5669-1
ISBN-13: 978-3-7855-5669-6
1. Auflage 2006

Umschlagillustration: Constanze Guhr
Umschlagfoto: Mauritius
Umschlaggestaltung: Andreas Henze
Printed in Slovenija (004)

www.loewe-verlag.de

Inhaltsverzeichnis

Die Neuzeit

Das 19. Jahrhundert

Das 20. Jahrhundert und die Gegenwart

Einleitung

Wer nicht von dreitausend Jahren
Sich weiß Rechenschaft zu geben,
Bleib im Dunkel unerfahren,
Mag von Tag zu Tage leben.

Das rieb Goethe seinen Zeitgenossen in der Gedichtsammlung „Westöstlicher Diwan“ (1819) unter die Nase. Kümmert euch um die Vergangenheit, hieß das. Wenn ihr es nicht tut, kann es euch passieren, dass ihr, „unerfahren“, wie ihr seid, dieselben Fehler macht, die eure Vorfahren schon begangen haben.

Gilt Goethes Mahnung auch für uns? Allerdings! Sehen wir doch mal genauer hin: Im wiedervereinigten Deutschland gibt es nach wie vor Unterschiede zwischen Ost und West – im Lebensgefühl, in der Einstellung zu wirtschaftlichen oder sozialen Problemen. Und das liegt nicht nur daran, dass die einen Thüringer oder Sachsen und die anderen Rheinländer oder Bayern sind, sondern auch an den ganz unterschiedlichen geschichtlichen Ereignissen, die sie nach 1945 erlebt haben. Die einen sind von einem sozialistischen System geprägt worden, die anderen von einem marktwirtschaftlichen. Die einen hatten die Sowjetunion als „großen Bruder“, die anderen die USA.

Ost und West gemeinsam ist die Prägung durch die nationalsozialistische Gewaltherrschaft. Was die in den Jahren 1933–1945 angerichtet hat, wirkt weiter. Es hat lange Zeit das Verhältnis der übrigen Welt zum deutschen Volk bestimmt und bestimmt es noch immer – wobei inzwischen anerkannt wird, dass sich die Deutschen zu ihrer Schuld bekannt haben und sich um eine gründliche Aufarbeitung der Vergangenheit bemühen.

Ohne Einbeziehung der Vergangenheit ist auch nicht zu begreifen, was in der Welt täglich geschieht. Die Gräuel auf dem Balkan in den 1990er-Jahren zum Beispiel schienen hier zu

Lande zunächst völlig rätselhaft. Den Beteiligten jedoch war klar: Es wurden Rechnungen beglichen, die seit fünfzig oder mehr Jahren offen waren. Weit zurückliegende Erfahrungen von Fremdherrschaft spielten hinein.

Oder denken wir an die Probleme zwischen dem Islam und der westlichen Welt: Noch heute werden die Kreuzzüge als eines der Hindernisse auf dem Weg zur Verständigung genannt. Die Kreuzzüge, also der Aufbruch des christlichen Abendlandes zur Befreiung der heiligen Stätten in Palästina, sind neunhundert Jahre her, aber offenbar unvergessen.

Kann ein Buch erschöpfend Auskunft geben darüber, was in der Weltgeschichte warum geschehen ist? Das kann es nicht. Es kann höchstens hier und dort Anstöße geben, die bei euch, bei den Leserinnen und Lesern, ein geschichtliches Bewusstsein wecken. Und es muss verständlich und lesbar bleiben. Darum erzählt dieses Buch Geschichte in Geschichten. Jeweils ein Schauplatz, ein Ereignis, eine Person werden hervorgehoben. Dabei geht die Erzählung manchmal ins Detail: lieber etwas Greifbares, das man sich merken kann, als die „großen Züge", die doch meist sehr undeutlich bleiben. Lieber eine Anekdote über den Preußenkönig Friedrich als eine Aufzählung seiner Schlachten. Wo es möglich war, wurde Bezug genommen auf Zeugnisse einer Epoche, die heute noch vorhanden und deren Abbildungen euch vielleicht bekannt sind oder denen ihr auf einer Reise begegnen könnt: Tempel, Burgen, Ausgrabungsstätten.

Die einzelnen Beiträge sind in sich abgeschlossen, das Buch muss also nicht von vorn bis hinten durchgelesen werden. Ihr könnt auch darin blättern, bis ihr etwas gefunden habt, was euch besonders interessiert. Das Stichwortverzeichnis am Ende hilft euch, Begriffe und Namen wiederzufinden. Und die Zeittafel liefert ein Gerüst zur Orientierung. Über Goethes „dreitausend Jahre" kann man damit schon blicken, und sogar noch etwas tiefer in die Vergangenheit.

Die Vorgeschichte

Seit wann gibt es Menschen?

Menschen und Affen sind verwandt, wann sich ihre Wege trennten, ist aber unbekannt. Die Forschung spricht von einem Tier-Mensch-Übergangsfeld, das in einem Zeitraum vor fünf bis zwei Millionen Jahren liegt.

In Ostafrika wurden versteinerte Knochen und auch Fußabdrücke von Urmenschen gefunden, die vor drei oder vier Millionen Jahren gelebt haben, bereits aufrecht gingen und deren Körperbau viel Ähnlichkeit mit unserem heutigen hatte. Erster Vertreter der Menschen im engeren Sinn war vor zwei Millionen Jahren der Homo habilis („geschickter Mensch"). Ihm folgte der Homo erectus („aufrechter Mensch") und vor etwa 600 000 Jahren der Homo sapiens („weiser Mensch").

In dieser Zeit wuchs das menschliche Gehirn von 450–750 Kubikzentimetern auf 900–1100 Kubikzentimeter an. Das scheint wenig, es bedeutete aber ungeheuer viel. Denn mit seinem vergrößerten Gehirn konnte der Mensch wettmachen, was ihm an Stärke oder Schnelligkeit gegenüber anderen Lebewesen fehlte. Er lernte, in Gemeinschaft zu jagen, Werkzeuge, Waffen und Kleidung herzustellen, Behausungen zu bauen und – was entscheidend war – mit dem Feuer umzugehen.

Vermutlich von Afrika aus breitete sich die Menschheit in Jahrtausende dauernden Wanderungen über Europa und Asien aus und erreichte über Landbrücken, die zeitweilig zwischen Sibirien und Alaska bestanden, auch Nord- und schließlich Südamerika. Da der Meeresspiegel noch nicht so hoch war wie heute, konnten die Menschen mit kleinen Booten über See sogar nach Australien gelangen. Um das Jahr 10 000 v. Chr. lebten fast überall auf der Erde Menschen.

Wie lebten die Menschen in der Steinzeit?

Nach dem Material, aus dem der Mensch seine frühesten nachweisbaren Werkzeuge gestaltete, dem Stein, ist die Epoche der Menschheitsgeschichte benannt, die von ungefähr 600 000 bis 8 000 v. Chr. reichte.

Der Feuerstein, auch Flint genannt, sprüht Funken und splittert in scharfen Kanten ab, wenn man mit einem anderen Stein darauf schlägt. Das machten sich die Menschen zu Nutze. Mit den Funken entzündeten sie Feuer. Die Absplitterungen verwendeten sie als Pfeil- oder Speerspitzen oder als Messerklingen, größere Steine dienten als Faustkeile. Mit Steinwerkzeugen und -waffen ließen sich Tiere jagen und häuten. Weitere Werkstoffe waren Knochen und Geweihe, aus denen unter anderem Nähnadeln gefertigt wurden, um Tierhäute zu Kleidungsstücken zusammenzunähen.

Die Menschen lebten zumeist als Nomaden – sie zogen auf der Suche nach Nahrung umher. Sie jagten Wild, fingen Vögel und Fische und sammelten essbare Pflanzen, Beeren und Nüsse.

Grabstellen zeugen davon, dass die Menschen der Steinzeit an Götter und an ein Leben nach dem Tode glaubten. In den Gräbern lagen neben den Toten Gaben, die diese mit ins Jenseits nehmen sollten. Andere Hinterlassenschaften sind Kunstwerke von hohem Rang: Die Höhlen von Altamira bei Santander/Spanien (entdeckt 1879) oder Lascaux in der Dordogne/Frankreich (entdeckt 1940) bergen farbige Tier- und Menschendarstellungen, die erstaunlich modern wirken – dabei sind sie 20 000 Jahre alt. Im Bild versuchte man, den Jagderfolg zu beschwören. Als Fruchtbarkeitszauber werden die Figuren aus Stein oder Ton gedeutet, die beleibte Frauen zeigen.

Die bekannteste Figur ist die in Niederösterreich gefundene so genannte Venus von Willendorf, eine elf Zentimeter hohe Figur mit prallen Brüsten und einem ausgeprägten Gesäß.

Wie wurden die Menschen sesshaft?

In der Jungsteinzeit (nach 10 000 v. Chr.) änderte sich die Lebensweise der Menschen grundlegend. Aus Jägern und Sammlern wurden Ackerbauern und Viehzüchter.

Bevorzugte Siedlungsstätten waren Küstenstriche und Flussniederungen.

Die Eiszeiten in Teilen Europas und Asiens engten den Lebensraum der Menschen ein. Statt großer Tiere bildeten zunehmend Klein- und Wassertiere die Beute. Die Menschen bauten sich feste Behausungen und legten Vorräte an. Sie zähmten wild lebende Tierarten wie Rinder, Schweine, Schafe, Ziegen und Hunde, die sie als Nahrungslieferanten, Arbeitskameraden und Wächter nutzten und weiterzüchteten.

Der Mensch säte Samenkörner von Kulturpflanzen wie Weizen, Gerste, Hirse und Saubohnen aus, die er aus Wildgräsern entwickelt hatte. Dass er seine Nahrung nun nicht mehr suchen musste, sondern selbst erzeugte, war ein großer Schritt vorwärts. Man spricht daher heute auch von der neolithischen (jungsteinzeitlichen) Revolution. Damit waren wichtige technische Neuerungen verbunden. Die Menschen lernten, aus Ton Gefäße für die Einlagerung von Vorräten herzustellen. Aus gesponnener Wolle gewannen sie Stoff für ihre Kleidung. Durch Schleifen verbesserten sie die Qualität ihrer Steinwerkzeuge. Und sie nutzten ihre Herrschaft über das Feuer zum Einschmelzen von Erzen. In Gruben oder einfachen Öfen entstand so das Ausgangsmaterial für die ersten Waffen und Geräte aus Kupfer, Bronze oder Eisen.

Es gab erste Arbeitsteilungen. In den Siedlungen machten nicht mehr alle alles, sondern jeder beschränkte sich auf die Fertigkeiten, die er besonders gut beherrschte. Der Großverband, die „Horde", löste sich auf. Kleinere Einheiten, die Familien, bildeten nun die Grundform des Zusammenlebens.

Das Altertum

Was ist der fruchtbare Halbmond?

In den großen Stromtälern Nordafrikas, Vorder-, Süd- und Ostasiens herrschten besonders günstige Lebensbedingungen. Hier kam es zuerst zur Bildung großer Gemeinschaften von Menschen.

Als älteste Hochkulturen gelten Ägypten und Mesopotamien (heute größtenteils zum Irak gehörend). Zwischen ihnen spannt sich ein Bogen weiterer fruchtbarer Gebiete in Syrien und der südlichen Türkei. Der Bogen hat die Form einer Mondsichel, daher der Begriff „fruchtbarer Halbmond". Ackerbau und Viehzucht warfen hier mehr Erträge ab, als die Erzeuger für sich selbst und ihre Familien brauchten.

Die Menschen, die hier siedelten, lernten, Wasserbauten anzulegen, Deiche, Kanäle, Schleusen, um das kostbare Nass gleichmäßig über die Felder zu verteilen. Da das niemand allein schaffte, schlossen sich viele Menschen zu Organisationen zusammen. Diese dirigierten die Arbeitskräfte, gaben ihnen etwas zu essen und eine Unterkunft. Dies war erst durch die Überschüsse aus der Landwirtschaft möglich. Und weil für all das Planung und Berechnung nötig war, entstanden Staaten mit einem Herrscher an der Spitze, mit Beamten, Verwaltung, Steuereintreibung, Polizei und Militärwesen.

Aus kleinen Siedlungen wurden Dörfer und Städte. Ausgrabungen zeigen uns, wie es darin aussah. Ein frühes Beispiel ist die Stadt Catal Hüyük in der heutigen Türkei. Um das Jahr 6250 v. Chr. lebten hier bereits etwa 6 000 Menschen. Ihre Häuser waren aus Lehmziegeln errichtet, die mit der Hand geformt und an der Sonne getrocknet waren. Straßen gab es nicht: Die Häuser standen dicht an dicht, man stieg von oben durch ein Loch im Dach hinein.

Wer waren die Sumerer?

Nach Mesopotamien wanderte im 4. Jahrtausend v. Chr. ein Volk unbekannter Herkunft ein, die Sumerer. Ihnen ist eine ganze Reihe bahnbrechender Erfindungen zu verdanken, vor allem die der Schrift.

Auf Anhöhen, geschützt vor Hochwasser, bauten sich die Sumerer zahlreiche Tempelstädte. Diese bildeten jeweils den Mittelpunkt eines klar gegliederten Stadtstaates. An dessen Spitze stand der so genannte Lugal („großer Mann"), der oberste Priester des Gottes Enlil. Als Herr über den Tempel beherrschte er wiederum das religiöse und politische Leben der Stadt, und die Stadt ihrerseits beherrschte das Umland. Ein Heer von Beamten verwaltete Land und Wasser. Sie entschieden, wie viel Ackerland der Einzelne bekam und wie viel Wasser auf seine Felder gelenkt wurde.

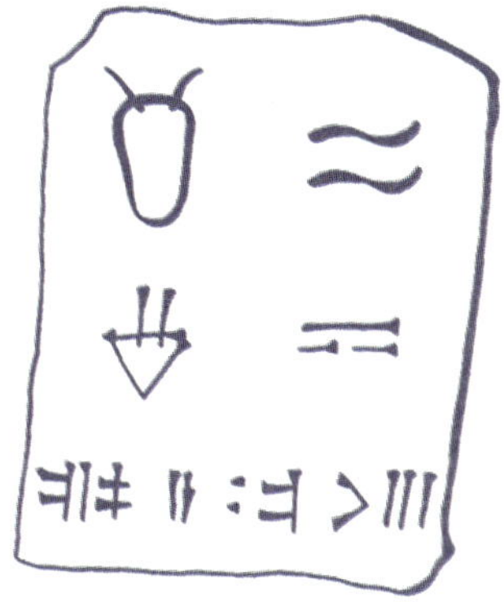

Genaue Beobachtung war nötig, um die beste Ausnutzung des Wassers zu gewährleisten. Die Sumerer wurden daher die ersten Astronomen und Mathematiker der Welt. Sie führten den Kalender ein. Ihr Zwölfer-Rechensystem findet sich noch heute in unserer Zeiteinteilung. Über Warenmengen oder die Anzahl von Tagen führten sie Buch, indem sie Strichlisten und Bildsymbole mit einem Griffel in weiche Tontafeln ritzten. Daraus entwickelten sich keilförmige Schriftzeichen, die bald nicht mehr Bilder, sondern Laute wiedergaben. So ließen sich ausführliche Mitteilungen festhalten. Um die Tontafeln mit der typischen Keilschrift haltbar zu machen, wurden sie gebrannt und bildeten schließlich ganze Bibliotheken. Im Grunde beginnt damit erst die geschichtliche Überlieferung, denn was wir über die Zeit davor wissen, ist ja nur aus den Funden der Archäologie erschlossen.

Auch die Erfindung des Rades geht auf die Sumerer zurück. Nachdem bereits zu Schiff auf den Flüssen Handel getrieben wurde, konnte man nun auch auf Karren, die von Ochsen oder Eseln gezogen wurden, Waren über Land transportieren.

Wer erließ die ersten Gesetze?

„Das sind gerechte Urteilssprüche des weisen Königs Hammurabi, durch die er in seinem Land Wohlverhalten und harte Zucht herstellte." So steht es auf der Steinsäule, die heute im Museum des Louvre in Paris aufbewahrt wird.

Der auf dem Stein erwähnte König regierte 1729–1686 v. Chr. in Mesopotamien, in der Stadt Babylon. Die Stadtstaaten der Sumerer waren oft unter sich zerstritten, es kam immer nur vorübergehend zur Bildung zusammenhängender Reiche, die bald wieder zerfielen. Den Herrschern von Babylon aber gelang es zu Anfang des 2. Jahrtausends, ihre Stadt zum Zentrum eines Staates zu machen, der ganz Mesopotamien umfasste.

Hammurabi war der bedeutendste unter diesen Königen. Seine Rechtsgrundsätze, gewonnen aus den Urteilen, die er gesprochen hatte, ließ er in Stein hauen. Der „Codex Hammurabi", wie die Wissenschaft das Werk heute nennt, sieht schon für geringe Vergehen grausam harte Strafen vor. Er enthält jedoch auch Vorschriften zum Schutz der bisher völlig rechtlosen Frauen, und selbst Sklaven sind kein Freiwild mehr. Theoretisch ist sogar Einspruch gegen königliche Entscheidungen möglich. Damit schraubte Hammurabi seine Herrschaft sozusagen auf menschliches Maß hinunter. Es war der Abschied vom *Gottkönigtum*, wie es bisher in Mesopotamien üblich gewesen war.

Gottkönigtum die Vorstellung, dass Könige von Gott eingesetzt werden und ihre Entscheidungen damit gottgewollt sind

Eine andere Aufzeichnung fällt in die Blütezeit Babylons: das Gilgamesch-Epos. Es besingt die Abenteuer des sagenhaften sumerischen Helden Gilgamesch, des Herrn von Uruk, der vergeblich nach dem ewigen Leben sucht. Zahlreiche Episoden zeigen verblüffende Parallelen zu den (späteren) biblischen Erzählungen, etwa dem Bericht von der Sintflut.

Wer waren die Assyrer?

Ein Kriegervolk aus dem Norden Mesopotamiens, die Assyrer, machte sich seit dem 14. Jahrhundert v. Chr. zum Herrn des ganzen Landes. Immer weiter ausgreifend, dehnten sie ihr Reich bis zum Mittelmeer aus.

Stehend im Streitwagen, mit Pfeil und Bogen auf den Löwen zielend, der sie anspringen will – so ließen sich die assyrischen Könige von Künstlern in Stein meißeln. Mut und Kraft im Kampf zu zeigen ging ihnen über alles. Und diese Brutalität zeigten sie auch im Krieg: Bei den Eroberungsfeldzügen der Assyrer gab es Vertreibungen, Zerstörungen, Plünderungen und Verschleppungen in die Sklaverei.

Assyrische Belagerungstruppen brachen mit neuartigen Waffen wie Rammböcken und Sturmschilden in die befestigten Städte ein. Schnelle Reiterverbände und Streitwagen trugen den Schrecken des assyrischen Namens über den ganzen Vorderen Orient. Unter der Regierung des Königs Assurbanipal (669–627 v. Chr.) reichte die assyrische Macht vom heutigen Südiran bis nach Ägypten. In ihren Residenzen errichteten die assyrischen Könige Bauten von einschüchternder Größe.

Der Verfall setzte aber schon einige Jahre nach Assurbanipals Tod ein: 614/612 v. Chr. fielen die Hauptstädte Assur und Ninive unter dem vereinten Angriff der Meder aus dem Iran und der Babylonier. Letztere traten unter Nebukadnezar II. (607–562 v. Chr.) noch einmal in die Fußstapfen der Assyrer und zogen gegen Ägypten in den Krieg. Dabei eroberten und zerstörten sie Jerusalem und verschleppten die Einwohner nach Babylon: Das ist die „Babylonische Gefangenschaft“ der Juden, von der die Bibel erzählt.

Warum wurde der Nil als Gott verehrt?

„Vater Nil" hieß der Fluss bei den Ägyptern. Als Mann mit den schwellenden Brüsten einer Frau stellten sie ihn auf Bildwerken dar. Denn seine Überschwemmungen im Sommer brachten Segen in Form von fruchtbarem Schlamm.

Wenn im September die Wasser abgeflossen waren, konnte die Aussaat beginnen, und im Frühjahr darauf wurde geerntet. Mit kunstvollen Flussregulierungen sorgten die Ägypter dafür, dass sich der Schlamm gleichmäßig über ein möglichst großes Gebiet verteilte. In Gräben wurde das Wasser für die trockenen Zeiten bereitgehalten. Um es auf höher gelegene Felder zu transportieren, erfanden sie den Schaduf, eine Wasserhebe-Maschine, die auf der Ausnutzung der Hebelgesetze beruhte. Sie bauten Gerste und Weizen an, um Brot und Bier herzustellen, sowie Flachs, um Leinen für die Kleidung zu erhalten.

Die Ägypter waren geschickte Handwerker und Techniker, sie verstanden sich auf die Verarbeitung von Kupfer und Bronze, und sogar die Glaserzeugung (aus Sand, Kalk und Soda) beherrschten sie. Mit ihren Landesprodukten trieben sie ausgedehnten Handel. Nilaufwärts kamen sie bis in den Sudan und übers Rote Meer zu Schiff nach Ostafrika, von wo sie wertvolle Rohstoffe einführten. Auch mit den Staaten im östlichen Mittelmeer unterhielten sie Handelsbeziehungen. Die Wasserfahrzeuge waren zunächst aus Papyrus hergestellt. Seit ca. 2800 v. Chr. gab es auch Holzboote, die immer weiter verbessert und vergrößert wurden und teilweise auch Segel erhielten. Die legendäre Expedition der Königin Hatschepsut ins Land Punt, womit das heutige Somalia oder auch der Jemen gemeint war, wurde wohl auf solchen Schiffen unternommen.

Wer baute die Pyramiden?

Ihre Häuser bauten die Ägypter aus luftgetrockneten Ziegeln. Die Zeit ließ fast nichts davon übrig. Umso dauerhafter aber waren die Bauwerke aus Stein, die sie ihren Herrschern zu Ehren errichteten: die Pyramiden.

Der Pharao galt als Verkörperung des Falkengottes Horus.

Am Nil gab es zunächst zwei Reiche: eines am Oberlauf des Flusses, das andere am Beginn des Nildeltas. Um 3000 v. Chr. vereinigten sie sich. Das Machtzentrum des Reiches lag im dicht besiedelten Deltagebiet, hier nahmen in Memphis viele Herrscher ihre Residenz. Oberhaupt war der Pharao („großes Haus"). Er trug eine rot-weiße Doppelkrone als Sinnbild für die Vereinigung der beiden früheren Reiche.

Die Ägypter pflegten einen ausgedehnten Totenkult. Sie glaubten an eine Unterwelt, in der ein oberster Richter (Osiris) die Taten der Verstorbenen beurteilte und über ein Weiterleben entschied. Dem Pharao war auf alle Fälle ein Leben im Jenseits sicher. Deswegen wurde sein Leichnam kunstvoll einbalsamiert, um ihn als Mumie für die Ewigkeit haltbar zu machen.

Djoser, ein Herrscher der so genannten 3. Dynastie, war der Erste, der sich eine monumentale Grabstätte in Pyramidenform errichten ließ. Sie sollte sowohl seine Mumie aufnehmen als auch als Aufstiegsrampe bei seinem Weg ins Jenseits dienen. Gleichzeitig symbolisierte das Bauwerk für jedermann sichtbar die Macht und Größe des Staates.

Die ägyptische Geschichtsschreibung zählt 31 Pharaonen-Dynastien zwischen 2900 und 332 v. Chr.

Die gewaltigsten Pyramiden entstanden unter den Pharaonen der 4. Dynastie (um 2570–2460 v. Chr.), so die Pyramide des Cheops bei Giseh, mit 146 Metern Höhe das größte Bauwerk dieser Art. Es wird geschätzt, dass 100 000 Arbeiter dafür zehn Jahre lang tätig waren.

Wann war Ägyptens Goldenes Zeitalter?

Unter den Pharaonen der 18. bis 20. Dynastie (1551-1070 v. Chr.) wurde Ägypten zur Großmacht im Vorderen Orient. In den Palästen der Herrscher und ihrer hohen Beamten entfaltete sich eine üppige Kultur.

Das Reich hielt sich eine gut gedrillte Berufsarmee. Tatkräftige Pharaonen wie Thutmosis I. (1506–1494 v. Chr.) oder Thutmosis III. (1490–1436 v. Chr.) verschoben in erfolgreichen Feldzügen Ägyptens Grenzen bis zum Euphrat und bis nach Nubien. Syrien und Palästina kamen unter ägyptische Herrschaft. Händler brachten die Reichtümer der Welt – Gold, Elfenbein, Ebenholz und Weihrauch – an den Nil.

Glänzend war die Hofhaltung besonders unter Amenophis III. (1402–1364). Die Herrenschicht schwelgte im Luxus, während das einfache Volk sich von Bier und Brot ernährte. Sie wohnten in Häusern mit Badezimmern und schattigen Innenhöfen und hielten sich Scharen von Dienern. Das Kunsthandwerk blühte. Erhaltene Abbildungen zeigen, wie sorgfältig sich die Damen der besseren Kreise herausputzten.

Unter allen Herrschern ragt ein Pharao hervor, dessen Interessen anders waren: Amenophis IV., auch bekannt als Echnaton (1364–1347 v. Chr.), kehrte dem weltlichen Treiben am Hof den Rücken zu. Ihn interessierte nur die Religion. Er legte sich mit der Priesterschaft an und erklärte die Verehrung der meisten Götter für überflüssig. Für ihn zählte nur Aton, die lebensspendende Sonne. Der frühe Versuch eines *Monotheismus* endete mit Echnatons Tod. Doch sind aus seiner Zeit Kunstwerke erhalten: die Büste seiner Frau Nofretete (heute in Berlin) und die erst 1922 entdeckte prunkvolle Grabausstattung seines früh verstorbenen Sohnes Tutenchamun (heute in Kairo).

Monotheismus
Verehrung nur eines Gottes

Was waren die Hieroglyphen?

Hoch entwickelte Gesellschaften sind auf den Schriftgebrauch angewiesen. In Ägypten wurde über alles Buch geführt: über Steuereinnahmen, Handelsgeschäfte, Gesetze und Himmelsbeobachtungen.

Die Völker Mesopotamiens hatten die Keilschrift. Die Ägypter gingen einen anderen Weg: Sie entwickelten eine Bilderschrift, die Hieroglyphen (griechisch für „heilige Bildzeichen"). Zunächst wurden greifbare Dinge, wie zum Beispiel „Haus", vereinfacht gezeichnet. In einem nächsten Schritt wurden mithilfe der Abbildungen auch Laute wiedergegeben (etwa 700 Standard-Bilder standen zur Verfügung). Malerische Hieroglyphen verwendete man auch auf Wandbildern in Tempeln und Gräbern und auf Grabsteinen und Stelen (Bildsäulen). Für amtliche Mitteilungen, Briefe, Notizen und auch für literarische und wissenschaftliche Texte gab es einfachere Formen, die nur noch aus Strichen und Strichgruppen bestanden.

Während in Mesopotamien die Schrift in noch feuchte Tontafeln eingedrückt wurde, verwendeten die Ägypter Blätter aus Papyrus. Das Mark aus den Stängeln dieses hoch wachsenden Grases wurde in Streifen geschnitten, die Streifen nebeneinander gelegt und gehämmert. Der dabei austretende stärkehaltige Saft verklebte die Lagen miteinander. Das ergab Blätter, die wie Papier beschaffen waren und sich mit Tinte beschreiben ließen.

Die Hieroglyphenschrift kam in Ägypten im 2. Jahrhundert n. Chr. außer Gebrauch – man schrieb inzwischen mit dem griechischen Alphabet. Spätere Zeiten vermuteten hinter den Bildsymbolen magische Zeichen. Erst dem Franzosen Jean-François Champollion gelang 1822 ihre Entzifferung.

Wo entstand die Bibel?

Ein kleines Volk, eingekeilt zwischen den Großmächten des Altertums, setzte sich mit seiner Religion und dem Buch, das diese aufzeichnet, ein Denkmal, das für die Nachwelt allergrößte Bedeutung erhielt.

Das Land Palästina lag im Grenzgebiet mehrerer Großreiche. Um 1200 v. Chr. kamen semitische Stämme aus der Wüste in das Land – die Juden, wie sie später genannt wurden. Unter Königen wie Saul, David und Salomo begründeten sie ein Reich mit Jerusalem als Mittelpunkt. Hier stand der Tempel, in dem ihr Gott verehrt wurde – *ein* Gott, das unterschied das Judentum von allen übrigen Religionen, und ein unsichtbarer dazu, von dem sich niemand ein Bild machen durfte.

597 und 587 v. Chr. eroberten die Babylonier Palästina und verschleppten große Teile des jüdischen Volkes nach Mesopotamien (siehe Seite 19). Das „babylonische Exil" der Juden dauerte mehrere Jahrzehnte. In dieser Zeit entstanden die ersten Niederschriften der Bücher des Alten Testamentes. Der gemeinsame Glaube und die Überzeugung, auserwählt zu sein, hielten das Volk zusammen. Um nicht unterzugehen in der Fremde, schrieben die Juden die mündlichen Überlieferungen ihrer Religion und ihrer Gesetze auf.

538 v. Chr. erlaubte der Perserkönig Kyros II., inzwischen Herr über Babylon, den Juden die Rückkehr nach Palästina. Weitere Fremdherrschaften blieben ihnen aber nicht erspart: 70 n. Chr. zerstörten die Römer Jerusalem und den Tempel. Nach einem letzten Aufstand wurden die Juden 135 n. Chr. aus dem Land getrieben. Eine fast zweitausendjährige Wanderzeit begann, die *Diaspora*, in der allein der Glaube die jüdische Gemeinschaft zusammenhielt.

Diaspora
Zerstreuung

Wie mächtig waren die Perser?

Erbe der Kulturen in Mesopotamien wurden die Perser. Sie lebten ursprünglich im Gebiet des heutigen Iran. Im Bund mit dem Stamm der Meder drangen sie im 7. Jahrhundert v. Chr. in das Land ein.

Kyros II. der Große (559–529 v. Chr.) schüttelte die Mitherrschaft der Meder ab und schuf ein persisches Großreich, das vom Indus bis zum Mittelmeer reichte. Unter Kambyses II. (529–522 v. Chr.) gelang sogar die Unterwerfung Ägyptens. Das Reich war in zwanzig Provinzen aufgeteilt. Ein Netz von gut ausgebauten Straßen durchzog die Länder; das war wichtig, um Truppen rasch zu verlegen, aber genauso nutzte es auch dem Handel. Ständig waren königliche Boten unterwegs – Persien war das erste Reich mit einer Staatspost.

Die Perser sahen die Welt in einem ständigen Kampf zwischen dem guten Gott Ahura Masda und seinem bösen Gegenspieler Ahriman. Das war die Lehre des Zarathustra, eines Propheten, der wahrscheinlich um 600 v. Chr. lebte. Das Perserreich zeichnete sich aber durch religiöse Toleranz aus; andere Kulte (wie derjenige der Juden) durften weiterbestehen.

Die persischen Herrscher nannten sich Schah-in-Schah („König der Könige"). Ihre Residenz lag in Persepolis, dem Verwaltungszentrum im mesopotamischen Susa. So mächtig sie auch waren – mit den Griechen wurden sie nicht fertig. Zwar konnte Dareios I. Makedonien und Thrakien unterwerfen und die Griechen aus Kleinasien vertreiben, aber sein Zug gegen Athen (490 v. Chr.) scheiterte genauso wie der seines Sohnes Xerxes (480/479 v. Chr.). Es waren dann auch die Griechen unter Alexander dem Großen (siehe Seite 33), die das Reich der Perser zerstörten (334–330 v. Chr.).

Wie entstand der Buddhismus?

Im fruchtbaren Industal bildeten sich ähnliche Bauernkulturen wie in Ägypten und in Mesopotamien. Indien wurde zur Ursprungsstätte einer Weltreligion.

Bei Ausgrabungen in Harappa und Mohendscho Daro im Industal wurden Zeugnisse einer Hochkultur gefunden, die etwa von 2500–1800 v. Chr. in Nordindien bestand. Städte boten Platz für 30 000 bis 40 000 Menschen, die sich auf die Bronzeherstellung und den Gebrauch der Töpferscheibe verstanden.

Danach setzten aus Zentralasien einwandernde Stämme, die Arier, ihr Hirten-Nomadentum an die Stelle der alten Bauernkultur. Mit der Zeit wurden aber auch sie sesshaft und betrieben besonders den Reisanbau. Es entwickelte sich das Kastenwesen, eine Gesellschaftsordnung mit verschiedenen Klassen: Ganz oben standen die Priester (Brahmanen). Ihnen folgten die Krieger (Kschatrija), die Bauern und Handwerker (Waischja) und die Knechte (Schudra). Außerhalb des Kastensystems standen die „Unberührbaren“ (Parias).

meditieren
sich gedanklich in etwas versenken

Ihren Glauben legten die Arier in den Veden nieder. Das sind Lieder, die Naturgottheiten wie den Sonnen- und den Feuergott, aber auch den Kriegsgott Indra preisen. In die vedische Religion mischten sich Zauberkulte, die Priesterschaft wurde immer mächtiger. Um 500 v. Chr. setzte eine religiöse Erneuerungsbewegung ein. Gautama, ein junger Adliger, kehrte seiner Klasse und ihrem Luxusleben den Rücken, fastete und *meditierte*, bis er schließlich erleuchtet wurde. (Sein Ehrentitel Buddha bedeutet „der Erleuchtete“.) Buddhas Lehre besagte, dass man über den „achtfachen Pfad“ des rechten Denkens und Handelns das Nirwana erreichte, den Zustand der Glückseligkeit.

In Ägypten sorgte der Nil für fruchtbares Land. Der Nil Ostasiens ist der Hwangho, der „Gelbe Fluss“. Er ermöglicht dem Land einen ertragreichen Ackerbau.

Wie begann die Geschichte Chinas?

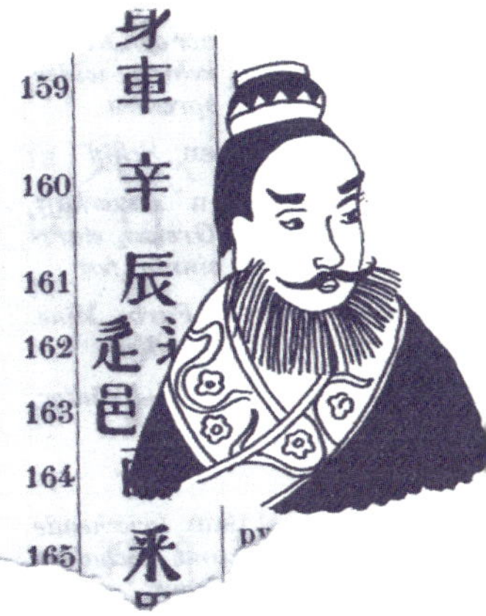

Ausgeklügelter Deich- und Wasserbau garantierte die Nutzung der Flusstäler. Am Mittellauf des Hwangho wurden Reste einer Kultur ausgegraben, die vom 6. bis zum 4. Jahrtausend v. Chr. bestand. Die Menschen dieser Zeit kannten Raupenzucht, Keramik und eine aus Knoten geflochtene Schrift.

Die eigentliche Geschichte Chinas beginnt aber erst um 1500 v. Chr. mit der Bildung eines Staates unter der Shang-Dynastie. Ihr König war zugleich oberster Priester. Als „Sohn des Himmels“ vertrat er das Prinzip des „Tao“, der Harmonie von Mensch und Kosmos. Eine Wortschrift wurde entwickelt, deren Zeichen abgewandelt noch heute in China gebräuchlich sind.

Im China des Altertums blühte die Philosophie, bedeutendster Vertreter wurde *Konfuzius* (Kong Fu Zi, 551–479 v. Chr.). Er stellte eine Morallehre auf, deren fünf Haupttugenden gegenseitige Liebe, Rechtschaffenheit, Weisheit, Sittlichkeit und Aufrichtigkeit hießen.

Der Konfuzianismus wurde im 2. Jahrhundert v. Chr. zu einem System erhoben und war zwei Jahrtausende lang Staatsreligion.

Unter der Han-Dynastie (206 v. Chr.–220 n. Chr.) erreichte das „Reich der Mitte“ seine größte Ausdehnung. Korea, die Mandschurei, Turkestan und Teile des heutigen Vietnam gehörten dazu. Das Papier wurde erfunden, man trieb ausgedehnten Handel, chinesische Seide gelangte bis ins Römerreich. Aufschluss über die große Macht des Reiches geben die Ausgrabungen von Xi’an. 1974 wurde dort aus dem Boden eine Armee von lebensgroßen Terrakotta-Figuren gefördert: 7 000 Krieger in voller Ausrüstung mit Pferden und Streitwagen, Begleiter eines Kaisers auf seinem Weg ins Jenseits.

Gab es den Trojanischen Krieg?

Zweimal Ur-Griechenland: Auf Kreta bildete sich eine friedfertige, den Freuden des Lebens zugewandte Kultur, in Zentralgriechenland saß eine Kriegergesellschaft in ihren trutzigen Bergfestungen.

Die Insel Kreta war von 2600–1450 v. Chr. die Heimat einer Hochkultur, die europäische und orientalische Einflüsse aufnahm. Hier kreuzten sich viele Handelswege: Zu Schiff kamen Waren aus Kleinasien, Zypern, Ägypten und auch aus dem westlichen Mittelmeer. Wie Ausgrabungen beweisen, gab es keine Verteidigungsanlagen – den Minoern (so der Name dieses altgriechischen Volkes) reichte ihre Flotte als Schutz. Die Paläste und Villen waren offen und für ein luxuriöses Leben eingerichtet. Wandmalereien zeigen höfische Rituale, Tänze und Veranstaltungen. Frauen spielten eine bedeutende Rolle, was sich auch in der Verehrung einer Mutter- und Erdgöttin ausdrückt.

Ganz anders dagegen das Gesicht des Reiches von Mykene auf dem griechischen Festland, das zum Erben der minoischen Kultur wurde (1650–1150 v. Chr.): Es war bestimmt vom Krieg. Den besten Eindruck davon vermittelt noch heute das gewaltige Löwentor auf der Burg Mykene. Der deutsche Altertumsforscher Heinrich Schliemann vermutete hier den Wohnsitz des Königs Agamemnon, der nach der Erzählung „Ilias“ des großen Dichters Homer die griechischen Stämme im Kampf gegen Troja vereint. Möglicherweise hat der Trojanische Krieg Ende des 13. Jahrhunderts v. Chr. auch tatsächlich stattgefunden. Troja, heute ein Ruinenhügel an der strategisch wichtigen Durchfahrt zum Schwarzen Meer, war im Altertum Handelskonkurrent der Mykener. Es wurde heftig umkämpft und mehrfach zerstört.

Was suchten die Griechen auf dem Meer?

Griechenland war gebirgig und bot nicht viel Platz zur Besiedlung. Einwanderungen aus dem Norden, soziale Spannungen, aber auch Abenteuerlust und Entdeckerfreude trieben die Griechen hinaus auf See.

Die Griechen verstanden sich auf den Schiffbau. Auf ihren Werften zimmerten sie hochseetüchtige Schiffe, die große Lasten tragen konnten. Die Schiffe hatten Segel, doch wichtiger war der Antrieb durch Ruder, weil er von den Launen des Windes unabhängig machte. In Reihen hintereinander oder etagenweise übereinander saßen die Ruderer und senkten im Takt die Riemen ins Wasser. Diese Männer hatten aber nichts mit angeketteten Galeerensklaven gemein; das gehört in spätere Jahrhunderte. Die griechischen Ruderer waren frei.

Die Schiffe beförderten Waren: Kupfer und Zinn von der Iberischen Halbinsel (heute Spanien), Straußeneier (eine begehrte Delikatesse) aus Nordafrika, Schmuck und Textilien aus Ägypten, Glas und Harze aus Syrien und die Erzeugnisse der Heimat, Olivenöl, Wein. Schiffe dienten aber auch als Truppentransporter und Kampfplattformen für Seeschlachten.

Die griechischen Seefahrer gründeten Niederlassungen an den Küsten des Mittelmeeres, von denen aus der Handel mit weiteren Ländern abgewickelt wurde. In diesen *Kolonien* siedelten zahlreiche Landsleute, denen es in der Heimat zu eng geworden war. Auf diese Weise vergrößerte sich das griechische Einflussgebiet weit über das Mutterland hinaus. Am Schwarzen Meer, an der türkischen Westküste, auf Sizilien und in Süditalien finden sich noch heute die Spuren griechischer Kultur, etwa der dem Meeresgott Poseidon geweihte Tempel von Paestum bei Neapel.

Kolonie
(im Altertum)
Siedlung in
eroberten Gebieten

Wo wurde die Demokratie erfunden?

Für die Griechen des Altertums war der Stadtstaat der Rahmen, in dem sich ihr Leben abspielte - eine überschaubare Welt. Weil die Siedlungsgebiete vielfach durch Gebirge getrennt waren, gab es viele solcher Stadtstaaten.

Polis nannten die Griechen so ein Staatswesen, unser Wort „Politik" kommt daher. Anders als in den Stadtstaaten Mesopotamiens wurde bei den Griechen aber die Herrschaft nicht durch ein Priesterkönigtum und eine von diesem eingesetzte Bürokratie ausgeübt, sondern sie war Sache der Bewohner selbst. Die größte und am besten organisierte Polis in Griechenland war Athen. Hier fand die *Demokratie* ihre erste, wenn auch nicht vollständige Ausprägung. Frauen etwa waren überhaupt nicht dabei.

Demokratie
Herrschaft des Volkes

Verfassung
Grundgesetz

Die Entwicklung der demokratischen Staatsform begann damit, dass das Königtum vom Adel entmachtet wurde. Dann revoltierten die ausgebeuteten und verschuldeten Bauern gegen den Adel. 594 v. Chr. schuf Solon, ein Adliger, eine *Verfassung*: Die Bürgerschaft wurde nach ihrem Einkommen in vier Klassen geteilt, denen bestimmte Rechte und Pflichten, vor allem militärische, zukamen.

Die Bürger der Polis waren in verschiedene Klassen eingeteilt: von der Klasse der Großgrundbesitzer und Großkaufleute bis zur Klasse der Lohnarbeiter. Diese besaßen keine politischen Rechte und wurden im Krieg als Ruderer auf Schiffen und als Fußsoldaten eingesetzt.

In Solons Gesetzen hatten der Adel und das große Geld noch eindeutig die meiste Macht. Das änderte sich mit der Verfassung, die der Athener Kleisthenes 510 v. Chr. einführte. Danach erhielten alle freien Bewohner Athens und des Umlands das Recht auf Mitwirkung in der Volksversammlung. Diese war das höchste *Organ* im Staat. Sie beschloss Gesetze, entschied über Krieg und Frieden und besaß die Kontrolle über Regierung und Militär. Die laufenden Geschäfte führte ein „Rat der Fünfhundert", der von Vertretern der zehn Wahlbezirke Athens

Organ
Gremium, Versammlung von Menschen, die Entscheidungen treffen

gestellt wurde. Die Gerichtsbarkeit unterstand den Volksgerichten, die stark besetzt waren. Zwar blieben die höchsten Ämter immer noch den Vermögenden vorbehalten, doch konnte das Volk bei Machtmissbrauch mit dem so genannten Scherbengericht eingreifen: Einmal im Jahr wurde dazu aufgerufen, die Namen von Politikern, die nicht für das Gemeinwohl arbeiteten, auf eine Tonscherbe zu ritzen. Wurden mehr als 6 000 Scherben abgegeben, musste derjenige, dessen Name sich am häufigsten darauf fand, für zehn Jahre die Stadt verlassen.

Alle demokratischen Errungenschaften aber standen auf dem Spiel, als die Perser sich um 490 v. Chr. anschickten, Griechenland zu erobern. Aber die athenischen Truppen besiegten sie. Ein zweiter Versuch der Perser zehn Jahre später (480/79 v. Chr.) scheiterte wie der erste. Nach dem Abzug der Perser begann eine Zeit der kulturellen Blüte. Das im Krieg zerstörte Athen wurde wiederaufgebaut. Jetzt entstanden die Tempel auf der Akropolis, die wir heute noch bewundern können. Maler und Bildhauer schufen unvergängliche Werke. Sophokles und Euripides schrieben ihre Tragödien nach Stoffen aus der griechischen Sage. Herodot und Thukydides begründeten die Geschichtsschreibung, Platon und Aristoteles die moderne Philosophie.

Nach dem Sieg der Griechen über den Perserkönig Dareios I. bei Marathon brachte ein Bote im Dauerlauf über 42 Kilometer die Erfolgsnachricht nach Athen. Dieses Ereignis wurde zum Ursprung des Marathonlaufes.

Parthenon Tempel auf der Akropolis

Warum gab es keinen Frieden in Griechenland?

Gegen die Perser hatten sie sich gemeinsam gewehrt, aber als die Gefahr vorbei war, brachen alte Rivalitäten zwischen den griechischen Staaten wieder auf. Jahrzehntelang herrschte Krieg in Griechenland.

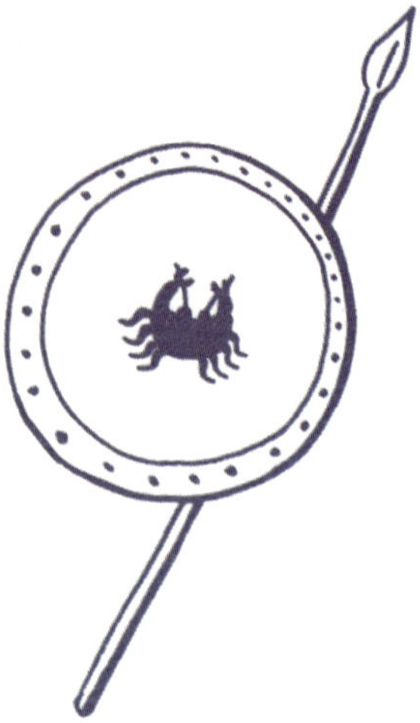

Athen war die Führungsmacht zur See – es hatte mit etwa 200 Städten zumeist auf den Inseln im Ägäischen Meer einen Bund geschlossen, den Attisch-Delischen Seebund. Fortwährend aber stieß es auf die Interessen Spartas, das gleichfalls viele Bundesgenossen hatte. Sparta, auf der Halbinsel Peloponnes, war aus einem Eroberungskrieg entstanden. Der Krieg blieb für ihn immer Hauptgrund seines Daseins. Die Spartaner lebten als Herrenschicht in einem besetzten Land. Ihre Kinder erzogen sie militärisch. Mut, Ausdauer und Gehorsam waren ihre höchsten Tugenden: „Spartanisch" nennt man deswegen noch heute eine Lebensweise, bei der Härte gegen sich selbst die Hauptsache ist.

Der so genannte Peloponnesische Krieg zwischen Sparta und der athenischen Partei endete 404 v. Chr. mit der Niederlage Athens. Die Spartaner hatten allerdings wenig davon, da sie sich als Nächstes mit den Thebanern auseinander setzen mussten. Nutznießer der innergriechischen Kriege wurden schließlich die Makedonen, ein Volksstamm im Norden des Landes. König Philipp II. von Makedonien zwang 337 v. Chr. die griechischen Stadtstaaten, einem Bund unter seiner Führung beizutreten. Er bereitete damit den Boden, auf dem sein Sohn Alexander der Große sein Weltreich begründen konnte (siehe rechte Seite).

Eine Regel aber hielten die Griechen auch in Bürgerkriegszeiten ein: Zu den Olympischen Spielen im Zeusheiligtum von Olympia trafen sich alle vier Jahre die besten Athleten zu Wettkämpfen. Und so lange ruhten alle Waffen.

Wer war Alexander der Große?

Er war 22 Jahre, als er auszog, ein Weltreich zu erobern, und 33, als er starb - verzweifelt, weil er glaubte, keines seiner Ziele erreicht zu haben. Dabei war er weiter gekommen als je ein Mensch vor ihm.

334 v. Chr. begann der junge makedonische König Alexander das Unternehmen seines Lebens: Er führte das vereinigte Griechenheer über den Bosporus nach Kleinasien (heute Türkei) hinein. Eine Kette glorreicher Siege folgte. Alexander zog durch Syrien nach Ägypten, wo er als Nachfolger der Pharaonen gefeiert wurde. Nach der Entscheidungsschlacht von Gaugamela (331 v. Chr.) brach das Perserreich zusammen. Doch Alexander wollte weiter – bis ans Ende der Welt, wo immer das liegen mochte. Er marschierte durchs heutige Afghanistan nach Indien. Dort allerdings meuterten seine Soldaten, er musste umkehren. In seiner Residenz in Babylon, mitten in den Vorbereitungen für einen Feldzug nach Arabien, ereilte ihn der Tod – während eines Saufgelages.

Alexander plante ein griechisch-persisches Großreich. Er arrangierte Massenhochzeiten zwischen seinen Soldaten und Perserinnen, führte eine Silberwährung ein und stellte in einer Heeresreform persische und griechische Truppen gleich. Zwar zerfiel sein Reich unter seinen Nachfolgern, den so genannten Diadochen, in mehrere Teile, doch auf dem einheitlichen Wirtschaftsgebiet, das Alexander geschaffen hatte, konnte sich die Kultur des *Hellenismus* entfalten, in der sich Ost und West begegneten. Wissenschaften wie Mathematik, Astronomie, Geografie und Medizin blühten auf. Die Bibliothek von Alexandria, einer Stadt, die der Makedonenkönig in Ägypten gegründet hatte, wurde zum wissenschaftlichen Zentrum der Welt.

Hellenismus
Griechentum; von Hellas (griechische Bezeichnung für Griechenland)

Wie kam es zur Gründung Roms?

Eine Siedlung in der Mitte Italiens, gelegen auf sieben Hügeln am Unterlauf des Tiber, wurde zur Keimzelle eines Weltreiches.

Rom soll im Jahr 753 v. Chr. von Romulus und Remus gegründet worden sein, zwei Brüdern, die als Kinder von einer Wölfin gesäugt wurden. Das ist aber Legende.

Zivilisation
Gesamtheit der durch den Fortschritt geschaffenen Lebensbedingungen

Das fragliche Gebiet war im 8. Jahrhundert v. Chr. von den Latinern, einem um 1200 v. Chr. eingewanderten Stamm, bewohnt, der von den später zugewanderten Etruskern beherrscht wurde. Diese verfügten bereits über eine hoch entwickelte technische und kulturelle *Zivilisation* und bildeten auch in der politischen Ordnung vieles vor, was später als typisch römisch galt (wie zum Beispiel einen Rat der Ältesten, eine Volksversammlung, Wahlbeamte und Amtsdiener).

Republik
Staat, in dem mehrere Personen sich zu bestimmten rechtlichen Bedingungen die Staatsgewalt teilen und für einen bestimmten Zeitraum gewählt werden

Unter etruskischem Einfluss erfolgte um 600 v. Chr. der Zusammenschluss von latinischen Siedlungen am Tiber. Der Name dieser Gemeinde, Rom, ist hergeleitet aus dem etruskischen Geschlecht Ruma. Ihre günstige Lage an einem Flussübergang mit Verbindung zum Meer ermöglichte ein rasches Wachstum. Nach dem Abschütteln der etruskischen Herrschaft wurde Rom 510/509 v. Chr. *Republik*. Inhaber der obersten Gewalt waren nun zwei Konsuln, die jährlich neu gewählt wurden. Ihnen zur Seite standen die Senatoren als Rat der Ältesten. Für die Rechtsprechung sorgten die Prätoren, für das Finanzwesen die Quästoren, für Sitte und Anstand die Zensoren.

aristokratisch
zum Adel gehörend

Die Republik war allerdings eindeutig *aristokratisch* geprägt. Im Senat und in den höheren Beamtenstellen saßen ausschließlich Mitglieder des Adels. Aufstände der Plebejer (so bezeichnete man die Klasse der kleinen und mittleren Bauern, der Handwerker und Händler) erreichten, dass das Amt des Tribunen eingeführt wurde: Aus dem Volk stammende Männer konnten nun im Senat erscheinen und Widerspruch („Veto") gegen dessen Beschlüsse einlegen, wenn sie dem Volk nicht dienten.

In der Härte gegen sich selbst glichen die Römer den Spartanern. Aber sie gingen bei ihren Eroberungen weniger ausbeuterisch vor.

Wie vergrößerte Rom seine Macht?

Sparta hatte den Unterworfenen alle Rechte genommen. Rom dagegen beließ den Völkern Italiens, die nach und nach unter seine Herrschaft kamen, ihre Selbstverwaltungen und gewährte römisches Bürgerrecht. Und während die Spartaner sich nur militärisch betätigten, waren Roms Soldaten immer auch Bauern oder Handwerker.

Bei den Kämpfen um die Vorherrschaft in Italien gab es Rückschläge – mehr als einmal war Rom in Gefahr unterzugehen, so zum Beispiel im Jahr 387 v. Chr., als die Kelten die Stadt besetzten. Aber die Römer rappelten sich immer wieder auf. Mit dem Fall der griechischen Kolonie Tarent (272 v. Chr.) wurde Rom Herr über die gesamte *Apennin*halbinsel.

Apennin
Gebirgszug, der sich über fast ganz Italien erstreckt

Aber schon tauchte der nächste Gegner auf: die Punier (Phönizier), die von Karthago im Golf von Tunis aus den Handel im Mittelmeer kontrollierten. Über den Besitz Siziliens kamen sich die beiden Mächte ins Gehege. In drei schweren Kriegen gewannen die Römer schließlich die Oberhand.

Der gefährlichste Moment für die Republik am Tiber kam, als der karthagische Feldherr Hannibal seinen Zug über die Alpen unternahm und ins Herz Italiens vorstieß. Nach seinem triumphalen Sieg in der Schlacht von Cannä (216 v. Chr.) stand Rom kurz vor dem Fall. Nur das unerschütterliche Durchhaltevermögen der Römer verhinderte die Katastrophe. Sie stellten in Windeseile eine neue Armee auf und schalteten um auf Ermattungs- und Zermürbungsstrategie, bis Hannibal sich zurückzog. Am Ende stand die Eroberung und Zerstörung Karthagos im Jahr 146 v. Chr.

Welche sozialen Konflikte wurden in Rom ausgetragen?

Den Weg zur Weltmacht erkaufte sich Rom mit einer sozialen Krise. Lange Kriege hatten die Bauern ihrer früheren Tätigkeit entfremdet. Nahrungsmittel kamen nun aus Sizilien und Nordafrika.

Viele Kleinbauern hatten ihre Äcker verkauft. Diese gehörten jetzt Großgrundbesitzern, die Weideland daraus machten oder Sklaven darauf arbeiten ließen. Und Sklaven gab es aus den vielen erfolgreichen Kriegszügen in großer Anzahl.

In Rom drängten sich Bauern und Handwerker, die weder Einkommen noch Besitz hatten. Aber eines war ihnen geblieben: das Bürgerrecht. Sie durften in der Volksversammlung über die Angelegenheiten des Staates abstimmen. Das nutzten reiche Politiker, um mit Geschenken an die Massen auf Stimmenfang zu gehen.

Gegen die Verwilderung des öffentlichen Lebens traten die Brüder Tiberius und Gaius Gracchus auf. Sie ließen sich ins Tribunenamt (siehe Seite 34) wählen und brachten Gesetze ein, um das alte freie Bauerntum wiederherzustellen. Tiberius Gracchus sagte: „Die Tiere Italiens haben Höhlen und eine Lagerstelle oder einen Unterschlupf. Die Männer, die für Italien kämpfen oder sterben, haben nichts.“ Doch das Vorhaben der Brüder scheiterte: Tiberius Gracchus wurde 132 v. Chr. von politischen Gegnern erschlagen, sein Bruder Gaius beging 121 v. Chr. nach einem *Putsch*versuch Selbstmord.

Putsch
gewaltsame Übernahme der Regierung eines Landes

Im römischen Heer vollzog sich inzwischen ein Wandel, es wurde zu einem Verband von Berufssoldaten. Diese fühlten sich bald nicht mehr dem Staat verpflichtet, sondern nur ihrem Feldherrn. Die Generäle fingen an, Politik zu machen. Männer, die eine Armee hinter sich hatten, griffen nach der Macht.

Wer war Julius Cäsar?

Generationen von Latein-Schülern haben seinen „Gallischen Krieg" übersetzen müssen – das Buch vom Feldzug gegen die Gallier, die Ureinwohner des heutigen Frankreich.

Der Verfasser, Julius Cäsar, ist jedem bekannt, das Wort „Kaiser" ist von seinem Namen abgeleitet. Mit der Eroberung Galliens begann seine politische Karriere. Cäsar bekam dafür eine Armee an die Hand, die ihm treu ergeben war. Mit ihr konnte er seinen Rivalen Pompejus besiegen und sich zum Herrn Roms machen. „Die Würfel sind gefallen", sagte er, als er den Grenzfluss Rubicon überschritt, der Gallien von Italien trennte.

Cäsars Pläne: eine Landverteilung an die besitzlosen *Proletarier*, Arbeitsbeschaffung durch den Ausbau der Hauptstadt, die Regulierung des Flusses Tiber, eine Reichsreform mit Erweiterung des Bürgerrechts, eine einheitliche feste Zeitrechnung.

Proletarier
hier: Angehöriger der untersten Bürgerklasse

Er beließ es vorerst bei der republikanischen Verfassung Roms. Aber klar war, dass er ein lebenslanges Regiment, wenn nicht gar die *Monarchie* anstrebte. Er duldete bereits einen für Rom gänzlich neuen Kult um seine Person. Grund genug für die Anhänger der Republik, eine Verschwörung gegen ihn anzuzetteln. Am 15. März 44 v. Chr. wurde Cäsar im Senat ermordet.

Monarchie
Königsherrschaft

Im Bürgerkrieg, der danach ausbrach, traten Mark Anton und Cäsars Großneffe Octavian als Erben und Testamentsvollstrecker Cäsars auf. Sie besiegten die Verschwörer 42 v. Chr. in Makedonien. Danach kam es zwischen ihnen beiden zum Endkampf. Octavian siegte, Mark Anton und seine ägyptische Gattin Kleopatra begingen Selbstmord. Als Herr des Römischen Reiches zog Octavian in Rom ein. Die Bürgerkriege waren beendet, aber die Republik gab es auch nicht mehr.

Wann begann die Kaiserzeit in Rom?

Worauf Cäsar vielleicht abzielte und was seine Mörder verhindern wollten, das machten Octavian und seine Nachfolger wahr: das römische Kaisertum. Sie nannten es nur nicht so.

Provinz
unter römischer Herrschaft stehendes, erobertes Gebiet außerhalb Italiens

Octavian passte seine Alleinherrschaft geschickt den überlieferten Staatsvorstellungen an. Seine Regierung hieß in Rom Konsulat und in den *Provinzen* Imperium. Er selbst war der „princeps", das heißt der Erste, und Prinzipat lautete denn auch die Bezeichnung für die neue Staatsverfassung. Im Jahr 27 v. Chr. verlieh man Octavian den Ehrentitel Augustus („der Erhabene"), und unter diesem Namen ging er in die Geschichte ein. Seine Regierungszeit (29 v. Chr.–14 n. Ch.) wurde von den Zeitgenossen als „Goldenes Zeitalter" empfunden. Drei Jahre nach seinem Tod verkündete man die „Pax Augusta", den Weltfrieden. Rom war zur Schutzmacht der Zivilisation geworden. Es reichte über den gesamten Mittelmeerraum, von Spanien im Westen bis nach Armenien im Osten.

Das Kaisertum in Rom existierte fast fünf Jahrhunderte. Es gab unter den Kaisern kluge Verwalter wie Claudius (41–54 n. Chr.), Vespasian (69–79) oder Diokletian (284–305), es gab Eroberer wie Domitian (81–96) oder Trajan (98–117), es gab Philosophen wie Mark Aurel (161–180). Und es gab Verrückte, denen ihre Würde zu Kopf stieg, wie Caligula (37–41), der Scheinfeldzüge gegen „fremde Völker" veranstaltete (die von seinen eigenen Soldaten in Verkleidung dargestellt wurden) und sich anschließend als „Sieger" feiern ließ, wie Nero (54–68), der meinte, die schönste Stimme der Welt zu haben, und bei jeder Gelegenheit seine Lieder zur Leier vortrug oder wie Commodus (180–192), der als Gladiator in der Arena auftrat.

Was kennzeichnete die römische Zivilisation?

In vielen Ländern stehen sie noch heute: Aquädukte, steinerne Brückenbauwerke, in denen Wasser über dutzende von Kilometern geleitet wurde - nur ein Beispiel für die technischen Leistungen der Römer.

Auch Straßen, auf denen in römischer Zeit der Verkehr lief, sind heute noch zu besichtigen. Genauso wie die Grundmauern von Markthallen, Verwaltungsgebäuden und vor allem von städtischen Bädern und (modern gesprochen) Fitnesscentern mit Sauna und Fußbodenheizung. Überall im Römischen Reich gab es eine gute Wasserversorgung und Badegelegenheiten, in den großen Städten sogar Müllabfuhr und Kanalisation. Der Verkehr wurde geregelt, auf den Märkten herrschte Ordnung, die römische Währung galt überall. Dass bei den Römern alles wie am Schnürchen lief, hinterließ bei den unterworfenen Völkern größere Wirkung, als es die Waffen vermochten.

Die Römer holten aus den eroberten Provinzen Techniker und Gelehrte, um sich ihr Wissen zu Nutze zu machen. Zwar galten diese Leute als Sklaven, aber im Gegensatz zu den anderen, die auf den Äckern schufteten, wurden sie erstklassig behandelt, und mancher machte noch märchenhafte Karriere. Das über Jahrhunderte in Griechenland, Ägypten oder Mesopotamien gespeicherte Wissen kam so nach Rom.

Was die Römer jedoch besonders auszeichnete, war ihre Fähigkeit, theoretische Erkenntnisse in die Praxis umzusetzen. Sie bauten ihre Häuser mit Zement, sie setzten Kräne mit Flaschenzügen ein, sie erfanden die Schraubenpresse für die Weinkelter und die Drehmühle zum Mahlen von Getreide. In den Bergwerken arbeiteten riesige Wasserhebemaschinen. In der Glasherstellung brachten sie es zur Meisterschaft.

Warum wurden die Christen verfolgt?

Die Religion der Römer stammte zu großen Teilen aus Griechenland, aber auch aus dem Osten waren verschiedene Kulte hinzugekommen. Im 1. Jahrhundert n. Chr. tauchte aber ein radikal neuer Glaube auf: das Christentum.

Jesus von Nazaret wurde um das Jahr 33 in Jerusalem gekreuzigt. Sein Tod aber war nicht das Ende der Glaubensgemeinschaft, die sich um ihn gebildet hatte. Trotzdem wäre diese wohl eine auf Palästina beschränkte *Sekte* geblieben, wenn nicht Paulus aus Tarsos, ein Jude mit römischem Bürgerrecht, aus der Lehre Jesu eine Religion geformt hätte, die auf Ausbreitung und auf die Bildung einer Organisation, der Kirche, setzte. Er verbreitete das Christentum über den Mittelmeerraum.

Sekte
kleinere religiöse Gemeinschaft

Die christlichen Gemeinden wählten sich Bischöfe. Den Bischöfen von Rom wuchs dabei im Laufe der Zeit immer größere Autorität zu. Sie konnten sich auf den *Apostel* Petrus berufen, der als Erster (um 65) das Amt innegehabt hatte. Die „apostolische Nachfolge" war es, die den Oberhirten in der Reichshauptstadt vor den anderen hervorhob. Seit dem 4. Jahrhundert wurde ihm der Titel „Papst" beigelegt.

Apostel
Jünger, Anhänger Jesu

Die Christen empfanden sich nicht als Feinde des Staates, doch sie widersetzten sich dem staatlich verordneten Kaiserkult, denn sie wollten den Kaiser nicht als Gott verehren. Das löste mehrere Verfolgungswellen aus, bei denen viele Christen hingerichtet wurden. Manche gingen in den Untergrund und lebten in Kellergewölben (Katakomben) unter den Städten. Doch die Leidenszeit stärkte sie nur. Anfang des 4. Jahrhunderts bekannte sich bereits ein Fünftel der Bevölkerung zum Christentum, 391 wurde es Staatsreligion im Römischen Reich.

Wer waren die Germanen?

Den Römern waren die Germanen immer unheimlich. Sie fürchteten den wilden Kampfesmut der Völker aus dem rauen Norden jenseits der Alpen. Aber sie bewunderten sie auch wegen ihres Familiensinnes und ihrer Sitten.

113 v. Chr. drangen die Germanen zum ersten Mal in römisches Gebiet ein. Es waren die Stämme der Kimbern und Teutonen, die aus Jütland kamen, wo ihnen wahrscheinlich Sturmfluten den Lebensraum eng gemacht hatten. Mit Mühe konnte sie der römische Feldherr Marius 103/102 v. Chr. in Südfrankreich und Oberitalien besiegen.

9 n. Chr. geschah die Katastrophe: Ein Heer unter Führung des Generals Quinctilius Varus, das Kaiser Augustus losgeschickt hatte, um die Germanen in Schach zu halten, wurde im Teutoburger Wald vernichtet. „Varus, Varus, gib mir meine Legionen wieder!", soll der Kaiser schmerzvoll ausgerufen haben.

Die Römer bauten den Limes, einen Grenzwall, der die Germanen am Vordringen hindern sollte. Dieser Wall war eine solide Anlage, Reste davon sind noch heute zu sehen. Und sie schlossen Verträge mit einzelnen Stämmen, denen sie Siedlungsgebiete auf römischem Boden zur Verfügung stellten, damit sie ruhig gestellt waren. Germanen traten als *Söldner* ins römische Heer ein, die hoch gewachsenen Recken waren als Leibwächter sehr begehrt. Es entwickelten sich auch Handelsbeziehungen. Germanen nahmen dankbar die Erzeugnisse des römischen Handwerks entgegen und lieferten dafür Bernstein, der zu Schmuck, und Frauenhaare, die zu Perücken verarbeitet wurden. Bei den dunkelhaarigen Römerinnen waren die blonden Haare der Germaninnen sehr begehrt.

Söldner
Soldat, der gegen Bezahlung Kriegsdienste ausführt

Wie kam es zum Ende des Weströmischen Reiches?

Zwei Jahrhunderte lang, von 375 bis 568, stand Europa im Zeichen der Völkerwanderung. Das Vordringen der Hunnen im Gebiet des heutigen Südrussland brachte eine ungeheure Wellenbewegung in Gang.

Die Ersten, die es traf, waren die Goten, die am Schwarzen Meer und in Südosteuropa siedelten. Sie wichen vor den Hunnen in Richtung Westen und Süden aus und stießen dabei wieder auf andere Völker. Die Grenzsicherungen des Römischen Reiches brachen mit der Zeit zusammen. Germanische Stämme ließen sich nach Wanderungen über hunderte oder tausende Kilometer auf römischem Boden nieder und gründeten eigene Staaten: die Westgoten in Südfrankreich und Spanien, die Wandalen in Nordafrika, die Ostgoten und die Langobarden in Italien, die Franken in Belgien und Nordfrankreich.

In dieser Zeit bestand das Römische Reich aus zwei Teilen. Seit der Trennung 395 gab es einen Kaiser im Osten, in Konstantinopel, und einen im Westen, in Rom bzw. in Ravenna, wohin die Residenz 402 verlegt wurde. Ostrom überstand die Völkerwanderung – in diesem Reichsteil gingen römisches Recht und Verwaltung, griechische Traditionen und das Christentum eine dauerhafte Verbindung ein. Westrom dagegen zerfiel bald: 410 wurde Rom von den Westgoten geplündert, 455 von den Wandalen. Die großen Grundbesitzer verweigerten die Steuerzahlung, die Währung verfiel, Räuberbanden zogen umher. 476 setzte der Germanenfürst Odoaker in Ravenna den letzten Kaiser ab, einen siebzehnjährigen Jüngling namens Romulus. Die Zeitgenossen nannten ihn höhnisch „Augustulus", der kleine Augustus, um anzudeuten, wie weit das Reich seit den Tagen des großen Augustus heruntergekommen war.

Das Kaisertum in Konstantinopel erlag erst 1453 dem Ansturm der Türken.

Das Mittelalter

Wer waren die Franken?

Von den Reichen der germanischen Stämme aus der Völkerwanderungszeit blieb nur das Reich der Franken dauerhaft übrig. Das lag daran, dass die Franken viele der römischen Errungenschaften übernahmen.

Quelle
alle Texte oder Gegenstände, die uns Wissen über die Vergangenheit vermitteln

In den römischen *Quellen* sind die Franken zum ersten Mal im 3. Jahrhundert bezeugt: als ein Volksstamm, der zwischen Weser und Niederrhein wohnt. Im Laufe der nächsten beiden Jahrhunderte dehnten sie ihr Gebiet immer weiter aus – ins heutige Hessen hinein, zur Rheinmündung, nach Belgien und Frankreich. Sie besetzten damit Provinzen des Römischen Reiches, doch sie zerstörten dessen Einrichtungen nicht. Vielmehr vermischten sich die beiden Kulturen, die vorgefundene römische und die eigene der Franken. Von besonderer Bedeutung war, dass die Franken ihren Götterglauben aufgaben und Christen wurden. Ihr König Chlodwig ließ sich um 500 taufen und befahl seinem Volk, das Gleiche zu tun.

Mit Chlodwig begann der Aufstieg des Frankenreiches zur Großmacht.

Es war ein blutiger Aufstieg, denn Chlodwig, aus dem Herrscherhaus der Merowinger, ließ seine Rivalen reihenweise umbringen. Die Franken entwickelten einen neuen Kriegertyp – den schwer bewaffneten, gepanzerten Reiter, einen Berufskrieger. Als Lohn erhielt er Grund und Boden, den er von anderen bewirtschaften ließ. So war er ständig frei für Militäreinsätze. Rittertum und *Lehns*wesen haben hier ihren Ursprung.

Lehen
gegen Verpflichtung zu Treue und Kriegsdienst verliehenes Nutzungsrecht an einem Landgut

Die Merowinger verloren im 7. Jahrhundert an Bedeutung und wurden zu einer Schattendynastie. Stattdessen wurde das Geschlecht der Karolinger führend. Einer von ihnen, Karl Martell („der Hammer"), besiegte 732 bei Tours und Poitiers die aus Spanien vorgedrungenen Araber – eine der großen Entscheidungsschlachten der Weltgeschichte.

Der Karolinger Pippin III. setzte 751 den letzten Merowinger Childerich III. ab und ließ sich mit Unterstützung des Papstes zum König einsetzen. Kirche und Königtum gingen ein regelrechtes Bündnis ein. Pippin versprach dem Papst Landbesitz in Italien (woraus der Kirchenstaat entstand), und der Papst wiederum verlieh dem fränkischen König die religiöse Weihe und ernannte ihn zum Schutzherrn Roms. Damit begründeten beide ihre gemeinsame Herrschaft über die christliche Welt, eine Vorstellung, die die nächsten Jahrhunderte bestimmen sollte.

Unter Pippins Sohn Karl dem Großen wurde sie Wirklichkeit. Zu Weihnachten des Jahres 800 setzte Papst Leo III. in Rom dem Frankenkönig die Kaiserkrone auf. In Karls Regierungszeit (771–814) wuchs das Fränkische Reich beträchtlich. Es reichte von der Bretagne bis nach Ungarn, von Norddeutschland bis nach Mittelitalien. Zwar konnten Karls Nachfolger das Reich nicht zusammenhalten, es blieben aber zwei lebensfähige Großstaaten, Deutschland und Frankreich, übrig.

Bereits bei den Zeitgenossen hieß Karl „der Große". Sie verehrten ihn als Kriegshelden wie als treu sorgenden Familienvater, als Staatsmann wie als Volkserzieher. Zu Karls Werken zählt die erste große Bildungsreform des Abendlandes. Gerade weil er selbst nur wenig davon bekommen hatte (zeit seines Lebens machte ihm das Schreiben größte Mühe), ging ihm der Bildungserwerb seiner Untertanen über alles.

Karl der Große wird von Papst Leo zum Kaiser gekrönt (Holzstich, um 1860)

Wo entstand der Islam?

Im Arabischen bedeutet Islam „Eintritt in den Stand des Heils“ oder „Gottergebenheit“. Diese Religion wurde von Mohammed im 7. Jahrhundert gestiftet. Er predigte Allah als alleinigen Gott und sah sich als dessen Propheten.

Zunächst gab es den Islam nur als eine örtliche religiöse Gemeinde in Mekka, die sich in Erwartung des Weltgerichts gebildet hatte. Als er verfolgt wurde, wich Mohammed mit seinen Anhängern 622 nach Medina aus, wo die religiöse Ordnung und ein Staatswesen unter seiner Führung begründet wurden. Die Lehre des Islam war religiös eigenständig, enthielt aber jüdische und christliche Elemente. Sie wurde nach Mohammeds Tod im Koran aufgezeichnet.

Der Kampf gegen das ungläubig gebliebene Mekka war der erste Religions- und Missionskrieg; er breitete sich über ganz Arabien, dann über die Mittelmeerwelt aus. Mohammeds Nachfolger, die Kalifen, waren geistliche Führer und weltliche Herrscher zugleich. Unter der *Dynastie* der Omaijaden (661–750), denen die Abbasiden (750–1258) folgten, entstand das islamisch-arabische Weltreich. Um 1350 umfasste der Islam Nordindien, Afghanistan, Südrussland bis zum Aralsee, Persien, ganz Vorderasien mit Kleinasien und Arabien, Ägypten bis zum Sudan, Nordafrika und in Südspanien das Reich von Granada.

Dynastie
Herrschergeschlecht, Herrscherhaus

Arabische Gelehrte bewahrten viel von der antiken Welt. Erkenntnisse der griechischen Philosophie, Geografie und Medizin gelangten durch ihre Vermittlung in die westliche Welt. Die erste Universität im *Abendland* zum Beispiel, die im 11. Jahrhundert gegründete Medizinschule von Salerno in Süditalien, bezog große Teile ihres Lehrstoffes aus arabischen Quellen.

Abendland
westliche Welt (im Gegensatz zu Morgenland = östliche Welt, Orient)

Wer waren die Wikinger?

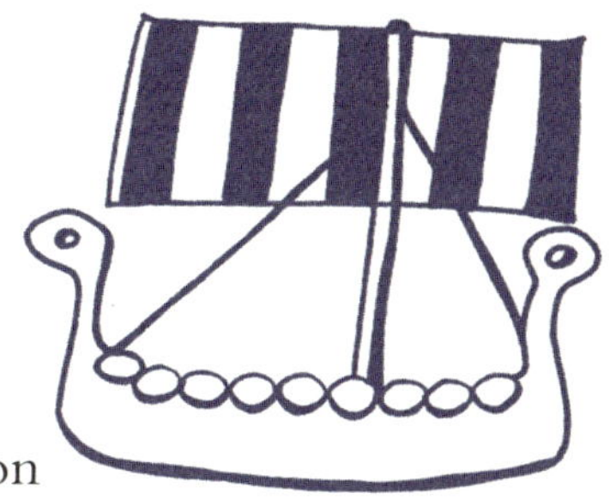

Skandinavische Fußballfans tragen im Stadion Wikingerhelme. Nachbauten von Wikingerschiffen segeln über die Weltmeere. Überall gibt es Wikingerfestivals, und in Museen kann man studieren, wie die Nordmänner gelebt haben.

793 wurde die Abtei von Lindisfarne im Norden Englands von einer Räuberbande überfallen, die von Südnorwegen aus über See gekommen war. Das war der Beginn der Wikinger-Ära. Sie dauerte zweieinhalb Jahrhunderte. Die Wikinger waren geschickte Seeleute: Auf ihren leicht gebauten, dabei aber hochseetüchtigen Booten, die mit Segeln und Rudern ausgerüstet waren, legten sie gewaltige Strecken zurück.

Erfahrungen, die eine Seefahrergeneration der nächsten weitergab, ermöglichten ihnen ein zielgenaues Navigieren ohne Karte und Kompass. Sie suchten die Britischen Inseln und die Küsten des Frankenreiches heim. Sie gründeten Niederlassungen auf Island und Grönland und entdeckten um das Jahr 1000 Amerika, das sie „Vinland", Weinland, nannten. Auch in der Ostsee waren sie zu Hause, und über die Flüsse Russlands gelangten sie bis ans Schwarze und ans Kaspische Meer.

Aber die Wikinger waren nicht bloß Piraten und Plünderer. Durch gründliche Auswertung der Quellen ist festgestellt worden, dass die Nordleute sich auch als friedliche Händler betätigten, dass sie in ihren Kolonien Ackerbau und Viehzucht trieben und dass begnadete Künstler unter ihnen lebten. Wikinger, die sesshaft wurden, etwa in der Normandie nach 911, wurden zu Staatsgründern. Die Normannen, die im 11. Jahrhundert England eroberten (siehe Seite 51) und das Königreich Sizilien begründeten, waren Nachfahren der Wikinger.

Welche Bedeutung hatten die Klöster?

Um 500 hatten die Franken den christlichen Glauben angenommen. In den nächsten drei Jahrhunderten folgten ihnen die übrigen Germanenstämme Mitteleuropas, was auf die christliche Mission zurückzuführen ist.

Die Gewöhnung an die neue Religion war aber oft nur äußerlich, heidnische Sitten lebten trotzdem fort. Für die fränkischen Herrscher wurde das Christentum zur wichtigsten Klammer, um die Einbindung der unterworfenen Völker in ihre Herrschaft zu bewerkstelligen. Daher förderten sie die Mission und unterstützten den Aufbau einer Kirchenorganisation.

Zentren der Mission waren die Klöster. Daneben hatten sie aber auch eine hohe wirtschaftliche und kulturelle Bedeutung. Klöster waren Vorreiter in der Entwicklung der Landwirtschaft. Mönche lehrten die Bauern neue Techniken des Ackerbaus und leiteten das *Kolonisation*swerk in neu gewonnenen Gebieten. Klöster waren Stätten der Bildung, der Forschung, der Erziehung und der Kunstausübung. Klosterwerkstätten schufen unvergängliche Kunstwerke, ihre Bibliotheken bewahrten die wissenschaftlichen und kulturellen Leistungen früherer Epochen. Da es kein staatliches Schulwesen gab, waren Klosterschulen die einzigen *Institutionen*, die Bildung vermittelten.

Kolonisation (wirtschaftliche) Entwicklung von Kolonien

Institution staatliche oder kirchliche Einrichtung, die dem Nutzen der Allgemeinheit dient

Vom 6. bis zum 11. Jahrhundert war das Benediktinerkloster der vorherrschende Klostertyp. Zuvor hatten christliche Mönche eher abgewandt von der Welt gelebt. Aber der heilige Benedikt von Nursia (um 480–547) lehrte sie aktive Tätigkeit. Seine berühmte Mahnung „ora et labora“ (bete und arbeite) bedeutete neben einem gottgeweihten Leben auch eine Verpflichtung zu praktischem Handeln.

Seit wann spricht man vom „Heiligen Römischen Reich Deutscher Nation“?

Das Riesenreich Karls des Großen war in zwei Teile zerfallen. Im östlichen Teil wurde erstmals 919 ein Mann zum König gewählt, der keine familiären Bindungen an das Herrscherhaus der Karolinger hatte: der Sachsenherzog Heinrich I.

Die Sachsen waren von Karl dem Großen in langen und schweren Feldzügen unterworfen worden. Es hatte *Deportationen* und Massenhinrichtungen dabei gegeben – so kostete das „Blutgericht“ von Verden an der Aller im Jahr 782 etwa 4 500 Sachsen das Leben. Aber anderthalb Jahrhunderte später waren die Sachsen ins Fränkische Reich hineingewachsen und wurden, wie sich an Heinrich zeigt, zu einer Führungsmacht.

Deportation
gewaltsame Verschleppung

Seine vordringliche Aufgabe sah Heinrich in der Abwehr der Ungarn, die bis nach Thüringen vorgedrungen waren. Heinrich schloss mit ihnen für neun Jahre einen Waffenstillstand und nutzte die Zeit, um Burgen zur Grenzsicherung zu bauen und ein Heer von Panzerreitern aufzustellen. 933 konnte er die Ungarn dann an der Unstrut in Thüringen schlagen. Sein Sohn Otto I. setzte das Verteidigungswerk fort und beseitigte diese Gefahr für Mitteleuropa.

Den entscheidenden Sieg über die Ungarn errang Otto I. 955 in der Schlacht auf dem Lechfeld bei Augsburg.

961/962 zog Otto nach Italien, einem Hilferuf des Papstes folgend, der von Feinden innerhalb und außerhalb der Stadt Rom bedroht wurde. Am 2. Februar 962 ließ er sich in Rom zum Kaiser krönen. Damit leitete er eine Politik ein, die für Jahrhunderte die deutsche Geschichte mit der des Papsttums und Italiens verknüpfte. Die deutschen Könige sahen sich berufen, die Tradition des antiken „Imperium Romanum“ fortzusetzen, und benannten ihr Reich ab diesem Zeitpunkt „Heiliges Römisches Reich Deutscher Nation“.

Woran entzündete sich der Investiturstreit?

Papst und Kaiser herrschen gemeinsam - das war die Vorstellung des Mittelalters. Der Papst war der Stellvertreter Christi auf Erden, der Kaiser Nachfolger der römischen Cäsaren. Der Papst repräsentierte die geistliche Macht, der Kaiser die weltliche.

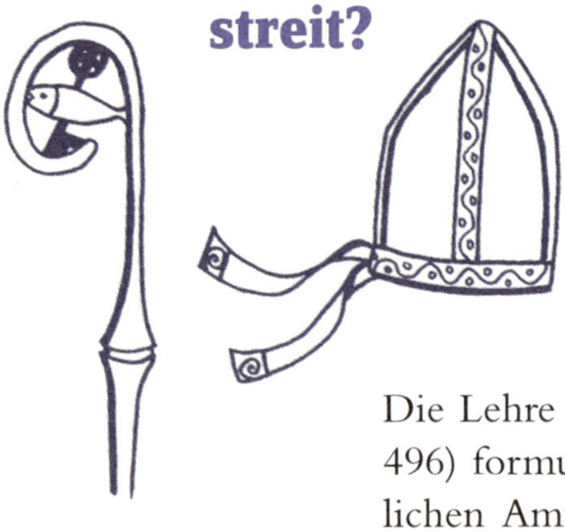

Die Lehre von den zwei Gewalten hatte Papst Gelasius (492–496) formuliert. Und er hatte gleich hinzugesetzt: Dem geistlichen Amt komme höheres Gewicht zu, weil der Papst im Jüngsten Gericht für jeden Menschen, auch den Kaiser, werde Rechenschaft ablegen müssen.

theologisch bezogen auf die Glaubenslehre

Nun hatte der „weltliche Arm" schon des Öfteren in der Kirche Ordnung schaffen müssen, zum Beispiel, wenn es mehrere Päpste gleichzeitig gab oder sich *theologische* Fragen in keiner Weise lösen ließen. Dann hatten die weltlichen Herrscher Kirchenversammlungen einberufen und Päpste abgesetzt. Da in Deutschland die Bischöfe gleichzeitig auch Landesherren waren, dem König Heerfolge leisteten usw., nahm dieser auch das Recht in Anspruch, sie in ihre Ämter einzusetzen.

Reform Umgestaltung, Neuordnung

Amtseinsetzung heißt auf Lateinisch Investitur, daher der Name Investiturstreit für die große Auseinandersetzung zwischen Kaiser und Papst.

Dagegen wandte sich im 11. Jahrhundert eine *Reform*bewegung, die nach ihrem Hauptsitz, dem Kloster Cluny an der Saône, kluniazensische Reform genannt wurde. Sie verlangte eine Wiederherstellung der kirchlichen Zucht und Frömmigkeit, vor allem sollte über die Vergabe von Kirchenämtern allein die Kirche entscheiden. Seinen Höhepunkt fand der Investiturstreit im Bittgang Heinrichs IV. nach Canossa zu Papst Gregor VII. (1077), sein Ende im Kompromiss des Wormser Konkordates 1122, das die Mitwirkung des Königs bei der Bischofswahl einschränkte.

Wer war Wilhelm der Eroberer?

Sechsundvierzig Tage musste Herzog Wilhelm von der Normandie am Ärmelkanal warten, bis der Wind endlich günstig war für die Überfahrt nach England. Am 27. September 1066 war es dann so weit: Seine Normannen konnten an Bord gehen.

Letztlich war die Verzögerung nur günstig für Herzog Wilhelm, denn der englische König Harald Godwinsson hatte seine Kriegsflotte zum Ende des Sommers entlassen, weil ihre Vorräte aufgebraucht waren. Nur mit einer hastig zusammengerafften Landstreitmacht trat er den Normannen entgegen, nachdem diese in Südengland gelandet waren. Die Schlacht bei Hastings am 14. Oktober 1066 hätte er dennoch beinahe gewonnen, zuletzt aber behielten die Normannen die Oberhand.

Es war eine weltgeschichtliche Entscheidungsschlacht. England war bisher Bestandteil der nordischen Welt gewesen, bewohnt von den Angelsachsen und zuletzt regiert von Königen aus skandinavischem Stamm. Die Normannen dagegen standen unter französischem Kultureinfluss. Sie ließen sich als Herrenschicht in England nieder und verschmolzen innerhalb weniger Generationen mit den Angelsachsen. Aber die Orientierung hin nach Frankreich und Zentraleuropa blieb. Damit löste sich England aus dem skandinavischen Kulturkreis.

Für Historiker ist der Teppich von Bayeux eine Fundgrube ersten Ranges: Waffen, Geräte, Trachten des Hochmittelalters sind deutlich dargestellt.

Die Überfahrt Herzog Wilhelms, der als König von England dann Wilhelm der Eroberer genannt wurde, und die Schlacht von Hastings sind auf dem berühmten Teppich von Bayeux festgehalten, einem gestickten Wandbild vom Ende des 11. Jahrhunderts, ca. fünfzig Zentimeter hoch und siebzig Meter lang – der erste Comic.

Worum ging es bei den Kreuzzügen?

„Gott will es!“ war die Parole, als die Ritterschaft des Abendlandes aufbrach, das Heilige Grab in Jerusalem aus den Händen der Muslime zu befreien. Dass sie in einen gerechten Krieg zogen, stand für die Kreuzfahrer außer Zweifel.

Ausbreitung und Verteidigung des Glaubens mit militärischen Mitteln war für die Kirche des Hochmittelalters durchaus denkbar. Und der Frieden zu Hause war leichter zu halten, wenn die Aggressivität der eigenen Leute nach außen gelenkt wurde. Dazu kamen Endzeitängste: Viele Menschen fürchteten ein Gericht Gottes wegen ihres sündhaften Lebens; wer unter dem Zeichen des Kreuzes gegen die Ungläubigen zog, dem wurden die Bußstrafen erlassen. Und Beutegier war auch dabei: Die sagenhaften Schätze des Orients warteten auf den, der zugriff … Als die Nachricht kam, muslimische Türken würden die heiligen Stätten in Palästina durch Mord und Schändung entweihen, und Papst Urban II. im November 1095 zu einer bewaffneten *Wallfahrt* aufrief, gab es ein ungeheures Echo.

Wallfahrt Pilgerreise

Aus ganz Europa strömten Kämpfer zusammen, mehrere Heere zogen los, sogar ein Bauern- und Arme-Leute-Kreuzzug war unterwegs (er kam allerdings nur bis kurz hinter Konstantinopel). Am 15. Juli 1099 eroberten die Kreuzfahrer Jerusalem. Sie gründeten Staaten in Palästina. Für zwei Jahrhunderte war Europas Energie darauf gerichtet, das Heilige Land in christlicher Regie zu erhalten. Dem ersten Kreuzzug folgten weitere.

Im Kinderkreuzzug von 1212 machten sich sogar Jugendliche auf den Weg nach Palästina.

Doch Stück für Stück gingen die Erwerbungen im Heiligen Land auch wieder an die Muslime verloren. 1291 mussten die Christen ihren letzten Stützpunkt, die Festung Akkon, räumen.

Wen nannte man das „Staunen der Welt“?

Er soll neun Sprachen gesprochen und sieben schriftlich beherrscht haben. Gelehrte aus aller Welt gingen bei ihm aus und ein. Mehr als alles andere interessierte ihn die Beobachtung der Natur. Manche glaubten, er sei mit dem Teufel im Bunde.

Friedrich II. stammte aus dem Geschlecht der Staufer, ebenso wie sein Großvater, Friedrich I. Barbarossa, der lange Krieg gegen die oberitalienischen Städte führte, und sein Vater, Heinrich VI., der durch Heirat das Normannenreich in Sizilien und Unteritalien hinzugewann. Friedrich II. selbst hielt sich fast nur in Italien auf – die Verhältnisse in Deutschland kümmerten ihn kaum.

Seit 1212 König, seit 1220 Kaiser, baute er in den ererbten Ländern im Süden einen modernen Beamtenstaat auf. In Neapel gründete er die erste abendländische Staatsuniversität, und in Palermo hielt er glänzend Hof. Er verkehrte mit muslimischen Künstlern und Wissenschaftlern und nahm Sarazenen, das heißt eingewanderte Araber, in sein Heer auf. Der Aufforderung des Papstes zum Kreuzzug folgte er nur zögerlich und erreichte in Palästina auf dem Verhandlungswege, dass Jerusalem, das die Christen 1187 verloren hatten, ihnen wieder zugänglich gemacht wurde. Er schrieb ein Buch über die Falkenjagd, und noch heute kündet der berühmte achteckige Bau des Jagdschlosses Castel del Monte in Apulien vom Kunstsinn des Kaisers, den seine Mitwelt ehrfürchtig „Stupor mundi“, das Staunen der Welt, nannte. Seinen Söhnen allerdings gelang es nach Friedrichs Tod (1250) nicht, das staufische Erbe fortzuführen. Der Letzte des Geschlechtes, Friedrichs Enkel Konradin, endete 1268 in Neapel auf dem Schafott.

Wer war Dschingis Khan?

Eigentlich hieß er Temüdschin, was „Schmied“ bedeutet. Den Beinamen Dschingis Khan („ozeangleicher Herrscher“) erhielt er, als er Herr über die Mongolei geworden war. Eine Prophezeiung hatte ihm die Weltherrschaft verheißen.

Die Mongolen lebten als Nomaden im Gebiet des Baikalsees in Sibirien. Temüdschin Dschingis Khan war ursprünglich nur einer von vielen Häuptlingen. Seit 1188 aber einigte er die zerstrittenen Stämme und stellte, nachdem ihn die Reichsversammlung 1206 als Alleinherrscher bestätigt hatte, ein schlagkräftiges Heer auf. Aus dem als erstes unterworfenen Volk der Uiguren gewannen die Mongolen Fachkräfte für Schrift- und Kanzleiwesen. Überläufer aus China und den arabischen Staaten vermittelten ihnen wichtige Kenntnisse im Kriegswesen und in der Belagerungstechnik.

Für die unterjochten Völker hatten die Eroberungszüge Dschingis Khans zum Teil katastrophale Folgen. Städte wurden in Schutt und Asche gelegt, Anbauflächen vernichtet, ganze Landstriche verödeten. In Ungarn kam im Mongolensturm die Hälfte der Bevölkerung ums Leben.

So gerüstet, konnte Dschingis Khan einen beispiellosen Eroberungsfeldzug beginnen. Nordchina fiel, ebenso Nordpersien und das westliche Zentralasien. Beim Tod Dschingis Khans 1227 erstreckte sich das Mongolenreich bereits von China bis zur Schwelle Russlands. Seine Nachfolger Batu und Ögödei setzten das Eroberungswerk fort. Sie machten sich ganz China untertan und schickten dann ihre Heere nach Westen, wo sie Russland besetzten. 1241 besiegten sie die Ungarn und ein polnisch-deutsches Ritterheer in Schlesien. Der Weg nach Mitteleuropa war offen. Doch die Nachricht vom plötzlichen Tod des Großkhans Ögödei veranlasste die Mongolen zur Umkehr. Die nächsten *Invasionen* galten dann später dem Orient. 1258 fiel Bagdad. 1260 war der Höhepunkt der mongolischen Macht überschritten, es begann der Rückzug.

Invasion
gewaltsames Eindringen in fremdes Gebiet

Noch um das Jahr 1000 wurde in Europa weit gehend Naturalwirtschaft betrieben: Man tauschte Ware gegen Ware, Geld gab es nicht. Aber ausgehend vom wirtschaftlich fortgeschrittenen Oberitalien änderten sich die Verhältnisse.

Wie lebte man in der mittelalterlichen Stadt?

Das Geld hielt seinen Einzug auch in Mitteleuropa. Die Städte waren die Vorreiter. In ihnen sammelte sich der Reichtum der neuen Zeit. „Stadtluft macht frei" hieß ein geflügeltes Wort. In den Städten gab es zwar ursprünglich auch überall Stadtherren, die die Bewohner als ihre Hörigen, also ihr Eigentum, betrachteten, wie es ein Gutsherr mit seinen Leibeigenen tat. Aber die Entwicklung des Handwerks und des Handels machte die Menschen selbstständiger, und die Stadtherren, meistens Bischöfe, förderten das auch, weil sie selbst höhere Einkünfte davon hatten. Im 11. und 12. Jahrhundert schoben die Bürger ihre Stadtherrn beiseite und nahmen ihre Sachen selbst in die Hand.

Die Städte erhielten Zuzug von Landbewohnern. Wer länger als ein Jahr in der Stadt lebte, war frei. Er konnte ein Handwerk ausüben oder Handel treiben. Dazu musste er einer Zunft beitreten, das heißt einem Berufsverband, der Arbeits- und Verhaltensregeln für seine Mitglieder erließ und darauf achtete, dass keiner dem anderen Konkurrenz machte. Die Bürger bildeten eine Verteidigungsgemeinschaft: Jeder hatte die Pflicht, sich mit der Waffe in der Hand für das Gemeinwesen einzusetzen.

Die Städte verwalteten sich selbst, zumeist führte ein „Rat" die Geschäfte, der von den Berufsgruppen gestellt wurde. Häufig saßen in diesem *Gremium* aber nur Angehörige einflussreicher und angesehener Familien, und gewählt wurde gar nicht, sondern der Rat suchte sich seinen Nachwuchs selbst aus.

Gremium
beratende und beschlussfassende Gruppe

Was war der schwarze Tod?

Die Pest, auch „der schwarze Tod“ genannt, wurde übertragen von Bakterien, die auf Flöhen saßen, die ihrerseits Ratten als Wirtstiere benutzten. Diesen komplizierten Sachverhalt entdeckten Wissenschaftler erst Jahrhunderte später.

Der Ursprungsherd der Pest von 1348–1350 lag wohl in Mittelasien, über Seeleute wurde sie aus dem Schwarzen Meer in italienische Häfen eingeschleppt. Von dort breitete sich die Epidemie weiter auf dem Seeweg über Spanien, Frankreich und England bis nach Skandinavien aus. Im Deutschen Reich wütete sie genauso wie in Russland. Insgesamt fielen dem „schwarzen Tod“ etwa 25 Millionen Menschen zum Opfer. In einzelnen Städten wurde die Hälfte der Bewohnerschaft hinweggerafft, auf dem Land verödeten zahlreiche Dörfer.

Die Symptome der Pest waren grässlich anzusehen: Beulen, die sich über den ganzen Körper ausbreiteten, dazu schwarze und blaue Flecken. Der Kranke starb innerhalb weniger Tage. Die Ärzte waren machtlos, als einzige Maßnahme, um weitere Ansteckungen zu verhindern, blieb die Isolation: Die Kranken wurden aus der Gemeinschaft ausgestoßen.

Da man von den Übertragungswegen nichts wusste, glaubten die Menschen, die Seuche könne nur das Gericht Gottes über die Sünden der Welt sein. Religiöser Massenwahn brach aus, Scharen von Geißlern zogen umher, das waren Menschen, die sich selbst auspeitschten, um Buße zu tun. Und man fand Sündenböcke: die Juden. Sie wurden verdächtigt, die Brunnen vergiftet zu haben. In zahlreichen Städten kam es zu *Pogromen*: Die Juden wurden gejagt, ihre Häuser zerstört, sie selbst vertrieben oder ermordet.

Pogrom
Hetze, Ausschreitungen gegen bestimmte Gruppen

Hamburg und Bremen nennen sich auch heute noch Hansestädte. Hanse bedeutet „Schar", gemeint war damit ein Zusammenschluss von Kaufleuten, zunächst nur aus einer Stadt, schließlich aus ganzen Regionen.

Welche Ziele verfolgte die Hanse?

Wer mit seinen Waren über Land zog oder mit einem Schiff unterwegs war, musste damit rechnen, überfallen und ausgeraubt zu werden oder vor Gericht sein Recht nicht zu bekommen. Deshalb schlossen sich deutsche Händler zusammen, um einander in allen Gefahren beizustehen. Als „dudesche hanse" war ihre Gemeinschaft bald in Europa bekannt. Um die Mitte des 12. Jahrhunderts gründeten Kölner Kaufleute die erste Niederlassung in London, ihnen folgten Hamburger und Lübecker mit eigenen Stützpunkten in England. Ein Netz von Handelsstädten bildete sich in Norddeutschland und entlang der Ostseeküste, die alle Mitglieder der Hanse waren. Von Bergen in Norwegen bis nach La Rochelle in Frankreich reichte die Kette der Handelsplätze an der Atlantikküste.

Bedeutende Handelsgüter der Hanse waren Pelze aus Russland, Hering aus Südschweden und Tuche aus Flandern.

Die Hanse stellte nicht nur eine wirtschaftliche, sondern auch eine politische Macht dar. Das zeigte sich bei ihrem Konflikt mit dem Dänenkönig Waldemar IV. Atterdag. Der hatte ein Mitglied der Hanse, die Stadt Visby auf Gotland, angegriffen. Darüber brach ein Krieg aus, in dem die Hanseflotte den Sieg davontrug. Im Frieden von Stralsund (1370) musste der Dänenkönig den deutschen Kaufleuten alle Rechte bestätigen. Auch mit den Seeräubern wurde die Hanse fertig: Klaus Störtebeker, der Schrecken der Nordsee, ging den Hamburgern 1401 bei Helgoland ins Netz und wurde mit siebzig seiner Spießgesellen hingerichtet.

Wer war Jeanne d'Arc?

„Habt keine Angst", sagte sie zu den Männern. Und tatsächlich: Wenn das Mädchen mit der Fahne unter ihnen erschien, hatten die Männer keine Angst mehr und stürmten gegen den Feind, bis er besiegt war.

Im Krieg, den Frankreich mit England seit 1337 wegen der Ansprüche der englischen Könige auf den französischen Thron führte, standen die Dinge für Frankreich lange schlecht. Im Jahr 1429 standen sie sogar besonders schlecht. Nur die Festung Orléans hielt noch – würde sie fallen, war Frankreich verloren. Da trat ein Bauernmädchen aus Lothringen namens Jeanne d'Arc auf (wir kennen sie auch als Johanna von Orléans). Sie behauptete, die Stimmen von Heiligen und Erzengeln zu hören. Diese hätten ihr aufgetragen, Frankreich von den Eindringlingen zu befreien und den Kronprinzen Karl in Reims zu krönen.

Man schickte sie ohne viel Vertrauen in den Erfolg ihrer Mission nach Orléans. Doch dort bewirkte ihr Auftreten Wunder, das englische Belagerungsheer wurde verjagt. Nach weiteren Siegen zogen die Franzosen tatsächlich in Reims ein, und Jeanne konnte dem Thronfolger die Krone aufsetzen.

Dann aber hatten wieder die Politiker das Sagen. Jeanne wollte weiterkämpfen. Aber der König zog Verhandlungen vor. Er ließ Jeanne allein und unternahm auch nichts zu ihrer Rettung, als sie in Gefangenschaft geriet und auf Veranlassung der Engländer in einem Hexenprozess zum Tod verurteilt wurde. Sie starb auf dem Scheiterhaufen in Rouen am 30. Mai 1431. Erst nach dem Ende des Krieges im Jahr 1453 trat ein Gerichtshof zusammen, der das tapfere Mädchen von dem Vorwurf freisprach, eine Hexe gewesen zu sein.

Jahrhundertelang waren Bücher mit der Hand abgeschrieben worden, von Mönchen, die in den Schreibstuben der Klöster arbeiteten. Das Wissen der Welt konnte so immer nur einem kleinen Kreis von Menschen zugänglich sein.

Wer erfand den Buchdruck?

Im 15. Jahrhundert aber machte Johannes Gutenberg, ein gelernter Goldschmied aus Mainz, eine revolutionäre Erfindung: den Buchdruck mit beweglichen *Lettern*. Im Mainzer Gutenberg-Museum ist seine Werkstatt originalgetreu nachgebaut.

Lettern
Druckbuchstaben

Es gab bereits die so genannten Blockbücher. Dafür wurden aus der Oberfläche eines Holzklotzes eine Abbildung oder einige Textzeilen herausgeschnitten, dann eingefärbt und wie ein Stempel aufs Papier oder Pergament gedrückt, wobei eine Schraubenpresse den nötigen Druck erzeugte.

Aber Gutenberg ging ein Stück weiter: Er goss Schriftzeichen aus Metall, große und kleine Buchstaben, Punkte, Striche usw., in so großer Anzahl, dass sie für lange Texte ausreichten. Sie hatten alle die gleiche Höhe und konnten zu Wörtern zusammengestellt werden, diese wiederum zu Zeilen und ganzen Absätzen. Nach dem Druck einer Seite ließen sich die Lettern auseinander nehmen und für die nächste Seite verwenden.

1455 lagen von Gutenbergs erstem Buch, einer 1 282 Seiten starken lateinischen Bibel, die ersten 185 Exemplare vor. Der Buchdruck trat seinen Siegeszug um die Welt an. Die großen geistigen Bewegungen der folgenden Jahrhunderte sind ohne die Erfindung Gutenbergs nicht denkbar.

Er selbst aber hatte nichts davon. Hoch verschuldet starb er 1468. Das Geschäft mit seiner Erfindung machten andere.

Wie lange bestand das Oströmische Reich?

Noch lange nach dem Untergang des Weströmischen Reiches hielt sich der östliche Reichsteil, Ostrom oder Byzanz genannt. Seine Kaiser saßen in Konstantinopel, dem heutigen Istanbul, und sie verstanden sich als Bollwerk des Abendlandes gegen den Islam.

Patriarch
Titel der obersten Geistlichen und der leitenden Bischöfe in den Ostkirchen

In Konstantinopel sprach man Griechisch, nicht Latein. Aber das war nicht der einzige Unterschied zwischen Ost und West, es gab auch erhebliche Glaubensdifferenzen. Das Christentum war beiden gemeinsam, aber die *Patriarchen* in Konstantinopel waren nie bereit, die Päpste in Rom als ihre Oberherren anzuerkennen. 1054 trennten sich die Wege auch offiziell. Die Oberhäupter der beiden Kirchen sprachen gegeneinander den Bannfluch aus, seitdem herrschte das „Morgenländische Schisma" (Schisma bedeutet „Spaltung").

Trotzdem rief der byzantinische Kaiser 1095 den Papst um Hilfe gegen die Türken, die sein Reich von Osten her bedrohten. Daraus entwickelte sich die Kreuzzugbewegung (siehe Seite 52), doch in einer Richtung, wie sie den Byzantinern gar nicht behagte, nämlich in Richtung Jerusalem. Und im Verlauf des vierten Kreuzzuges (1202–1204) kam es sogar dazu, dass die Kreuzfahrer aus dem Westen Konstantinopel besetzten und plünderten und für mehrere Jahrzehnte den byzantinischen Staat als ihr Eigentum übernahmen. 1452 erreichten die Türken Konstantinopel und eröffneten die Belagerung. Nach erbittertem Kampf zog Sultan Muhammad II. am 29. Mai 1453 in die eroberte Stadt ein. Als Sinnbild für den Triumph des Islam kann die Verwandlung der Kirche Hagia Sophia (erbaut im 6. Jahrhundert von Kaiser Justinian) in eine Moschee gelten.

Zu Sowjetzeiten wollte man es nicht recht wahrhaben. Aber Ausgrabungen in den letzten Jahren zeigen, dass an der Staatsbildung in Russland Wikinger aus Schweden mitwirkten: Händler und Siedler, die sich an den großen Strömen niederließen.

Wie entstand das Russische Reich?

Man spricht heute von der Kiewer Rus als der Keimzelle der russischen Geschichte. Für das Wort „rus" gibt es verschiedene Deutungen, die aber alle auf Skandinavien hinweisen. Ein sagenhafter Wikinger namens Rurik soll 862 in Nowgorod als Stammvater aller russischen Herrscher sein Quartier aufgeschlagen haben. Fakt ist: Eine Oberschicht von Nordmännern herrschte im 9. und 10. Jahrhundert im Dreieck zwischen Finnischem Meerbusen, Schwarzem und Kaspischem Meer. Sie verschmolz bald mit der einheimischen Bevölkerung.

Kiew in der Ukraine war das Zentrum des Reiches, das politisch selbstständig, kulturell und religiös aber nach Byzanz orientiert war. Es ging 1240 im Mongolensturm unter (siehe Seite 54). In Russland bildete sich das Mongolen-Khanat der *Goldenen Horde*. Im 14. Jahrhundert wurde hier der Islam offiziell als Religion eingeführt. Die alteingesessenen Russen durften jedoch auch weiterhin Christen bleiben.

Der Name **Goldene Horde** kommt von den Goldplatten, die das Herrscherzelt schmückten.

Als 1485 das Reich der Goldenen Horde zerfiel, wurde das Fürstentum Moskau Vormacht Russlands. Mit ihm im Bund war die Kirche. Nach dem Ende des Patriarchats von Konstantinopel (1453, siehe linke Seite) betrachtete sich Moskau als dessen Nachfolger, als Hort des rechten Glaubens und als das „Dritte Rom". Und Fürst Iwan III. (1462–1505) nannte sich bereits Zar, das bedeutet „Kaiser".

Wann kamen Hinduismus und Islam in Indien auf?

Lange vor dem europäischen Mittelalter entwickelte sich in Indien eine Kulturblüte. Im Gupta-Reich, das von etwa 320 bis 535 dauerte, standen Tanz und Theater, Dichtkunst und Wissenschaft in höchstem Ansehen.

Die herrschenden Schichten der Gupta-Zeit stellten große Ansprüche an Luxus und Bildung. Sich zu schmücken und vorteilhaft zu kleiden gehörte ebenso dazu wie umfassende Kenntnisse über Küche, Parfüms, Musik, Malerei, Poesie und Wissenschaft. Indische Mathematiker erfanden die Null und den Umgang mit dem Dezimalsystem. Dadurch konnten nun mit den zehn verschiedenen Ziffern die größten Zahlen dargestellt werden, und das Rechnen wurde wesentlich leichter.

Im Mogulreich entstanden unvergängliche Werke der Baukunst, so das Tadsch Mahal in Agra (1632–1654), das Grabmal, das der Herrscher Schah Dschahan seiner früh verstorbenen Frau setzte.

Ab 700 breitete sich in Indien der Hinduismus aus, im Gegensatz zum Buddhismus keine gestiftete, sondern eine historisch gewordene Religion. Er behielt das Kastenwesen (siehe Seite 26), die Lehre der Seelenwanderung und die Erlösungssehnsucht bei. Im Mittelpunkt steht die Vorstellung einer alles beherrschenden Weltordnung, in der jedes Lebewesen den Platz einnimmt, der ihm aufgrund seiner früheren guten oder schlechten Taten zukommt.

Um 1200 drang der Islam in Indien ein. In Delhi entstand ein Sultanat. Der Islam bildete einen scharfen Gegensatz zum Hinduismus, was noch heute die Verhältnisse in Indien belastet. Das Sultanat ging im Mongolensturm (siehe Seite 54) und den Eroberungszügen des Türkenherrschers Timur unter. Einer der Nachfahren Timurs, Babur, gründete 1526 das Reich der Großmogule, das bis 1658 hielt. Sein Kennzeichen war Toleranz: Es gelang eine Zeit lang, die religiösen Feindschaften im Zaum zu halten.

Wer erbaute die Chinesische Mauer?

Sie ist das größte Bauwerk der Welt und das einzige, das aus dem All mit bloßem Auge zu erkennen ist: Chinas große Mauer. Sie ist 6 250 Kilometer lang und reicht von Turkestan bis an den Pazifik.

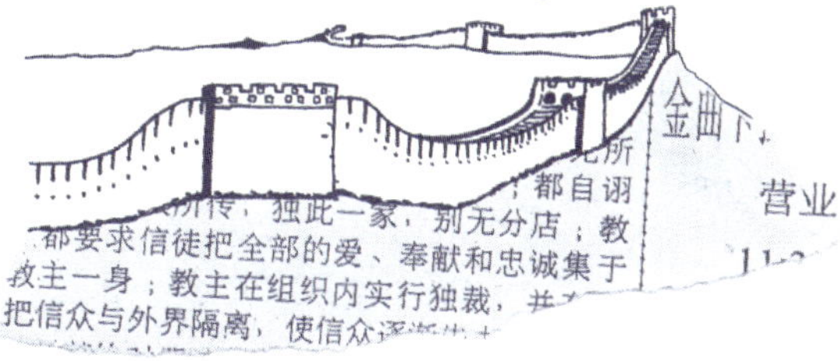

Sie wurde errichtet, um China vor Bedrohungen aus dem Norden zu schützen. Der Bau begann bereits im 2. Jahrhundert v. Chr. Zunächst wurden nur Erdwälle errichtet, teilweise aber auch schon Mauerwerk eingefügt. Die heutige Gestalt, mit Wachttürmen und einer zinnenbewehrten Mauerkrone, erhielt sie unter den Kaisern der Ming-Dynastie (1368–1644).

Die Chinesen errichteten nicht nur gewaltige Bauten, sie waren dem christlichen Abendland in technischen Dingen auch sonst weit voraus. Sie erfanden Sprengstoffe und Raketen. Sie beherrschten die Porzellanherstellung, und ihre aus Lehm hergestellten Schrifttypen für die Buchherstellung nahmen Gutenbergs Druck mit beweglichen Lettern (siehe Seite 59) vorweg.

Zwischen China und dem Abendland herrschte im Mittelalter bereits Verkehr. Über die so genannte „Seidenstraße" wurden Waren transportiert. Im 13. Jahrhundert waren auch mehrfach Gesandtschaften des Papstes unterwegs ins Reich der Mitte.

Detaillierte Nachrichten über die Errungenschaften der Chinesen brachten aber erst die Berichte des venezianischen Reisenden Marco Polo. Der hatte 1271–1275 seinen Vater und seinen Onkel auf einer Handelsreise nach Nordchina an den Hof des Mongolenherrschers Khubilai begleitet und war von diesem zu verschiedenen Missionen eingesetzt worden. 1295 kehrte er nach Venedig zurück.

Welche Hochkulturen gab es im alten Amerika?

Hochkulturen gab es nicht nur in Europa und Asien. Auch in Mittel- und Südamerika blühten sie - bis im 16. Jahrhundert die spanischen Entdecker und Eroberer in die Welt der Indianer einbrachen.

Eines der paläoindianischen (altindianischen) Kulturzentren lag im südlichen Mexiko und in Guatemala. Hier künden noch heute die Ruinen großer Tempelstädte von den Leistungen der Tolteken, Olmeken und Maya. Vor allem die Maya waren Meister in der Mathematik und Astronomie: Sie besaßen präzise Kalender und kannten auch eine Schrift aus Bildern und abstrakten Zeichen, deren Entzifferung immer noch viele Rätsel aufgibt. Als Letzte ließen sich in diesem Gebiet im 13. Jahrhundert die Azteken nieder, ein Kriegerstamm, bei dem Menschenopfer zu Ehren des Sonnengottes üblich waren.

Ein weiteres Zentrum lag im Gebiet des heutigen Peru, mit Ausdehnung nach Ecuador und Nord-Chile. Es war der Stamm der Inka, der hier beeindruckende steinerne Zeugnisse hinterließ, etwa die ohne Mörtel zusammengefügten Mauern aus riesigen Blöcken in der Provinzhauptstadt Cuzco oder die in schwindelnder Höhe auf einem Bergsporn errichtete Festung Machu Picchu. Die Inka lebten seit etwa 1200 in einem straff organisierten Staat, in dem es ausgefeilte Bewässerungssysteme und einen hoch entwickelten Straßenbau gab.

Mit der Entdeckung Amerikas durch Kolumbus (1492, siehe Seite 68) und der Erforschung der mittelamerikanischen Küste (ab 1502) durch die Spanier kam das Ende der indianischen Hochkulturen. Das Reich der Azteken ging im Feldzug des Hernán Cortés 1519–1521 unter, das der Inka zerstörte der Konquistador (Eroberer) Francisco Pizarro 1531–1536.

Die Neuzeit

Wo entwickelten sich Renaissance und Humanismus?

Der Mensch des Mittelalters lebte in festen, vom christlichen Glauben bestimmten und vorgezeichneten Ordnungen. Aber mit der technischen und wirtschaftlichen Entwicklung wurden diese zunehmend brüchig.

Am deutlichsten war das der Fall in Italien, wo die deutschen Kaiser lange versucht hatten, ihre Oberherrschaft durchzusetzen, um schließlich doch den Dingen ihren Lauf lassen zu müssen. Die Städte machten sich selbstständig: Sie wurden zu kleinen Republiken, die sich selbst regierten. Geldgeschäfte wurden abgewickelt, man gründete Banken; noch heute belegen Wörter wie Konto, Giro, netto und brutto, dass es Italiener waren, die wesentliche Begriffe des Wirtschaftens erfanden.

Der Mensch wurde entdeckt, und zwar der einzelne Mensch, das Individuum. Es war frei, es konnte über sich selbst bestimmen. Es musste nicht glauben, was die anderen glaubten, und nicht denken, was die anderen dachten. Die Kunst war bisher an religiöse Themen gebunden. Nun verherrlichte sie die körperliche Schönheit, sie schuf wirklichkeitsgetreue Porträts und Naturdarstellungen, und der Künstler gab sich selbstbewusst als Schöpfer zu erkennen.

In den italienischen Stadtrepubliken konnte, wer genügend durchsetzungsfähig war, sein Glück machen. Aus dem Nichts stiegen Kriegsleute, so genannte Kondottieri, die einen Haufen Söldner um sich scharten, in den Rang von Fürsten auf. Der Florentiner Niccolò Machiavelli (1469–1529) entwarf die passende Theorie dazu. „Machiavellismus" ist seitdem die Bezeichnung für eine schrankenlose Macht- und Interessenpolitik.

Die Bewegung, die das freie Individuum in den Mittelpunkt stellte und im 15. und 16. Jahrhundert ganz Europa erfasste, nannte sich „rinascità“, das bedeutet Wiedergeburt. Wir benutzen heute den Begriff in der französischen Fassung: Renaissance. Wiedergeboren war die Welt der Antike, der Griechen und Römer. In der Stadtrepublik sah man eine Erneuerung der griechischen Polis (siehe Seite 30 f.). Die Baukunst der Renaissance orientierte sich an den Lehren, die der römische Baumeister Vitruv im 1. Jahrhundert n. Chr. entworfen hatte. Und die Bildhauerei nahm die Marmorfiguren zum Vorbild, die aus dem Schutt der antiken Städte gezogen wurden.

Apoll- und Venusstatuen aus der Antike galten in der Renaissance als überaus wertvoll, nachdem frühere Jahrhunderte sie als „heidnische Götzenbilder“ abgetan hatten.

Wiederentdeckt wurden auch die schriftlichen Zeugnisse der Antike. Das war das Werk der Humanisten (vom lateinischen *humanus* = menschlich). So nannte man die Literaten, die sich dem Studium griechischer und römischer Autoren widmeten und deren Auffassungen vom freien Menschen wiederzubeleben suchten. Sie stellten, um Übersetzungen für ihre Schüler möglich zu machen, für die untergegangenen Sprachen nachträglich Regeln auf. Die Grammatik, die uns heute hilft, den Bau lebender Sprachen zu ergründen, ist eine Leistung der Humanisten, gewonnen hauptsächlich aus dem klassischen Latein des Redners Cicero (106–43 v. Chr.).

Dem neuen Menschenbild entsprach ein neues Weltbild.

Nikolaus Kopernikus (1473–1543) lehrte, dass die Erde sich um die Sonne drehte. Die Erde war nun nicht länger Mittelpunkt des Universums, wie man es stets angenommen hatte, sondern nur einer unter vielen Sternen im Sonnensystem. Die Kirche allerdings verschloss sich dieser Lehre. Das Buch, in dem Kopernikus seine Untersuchungen dargelegt hatte, wurde verboten. Es dauerte lange, bis sich das kopernikanische Weltbild auch in der Kirche durchsetzte.

Wer waren die ersten Entdecker?

Seit Konstantinopel an die Türken gefallen war (1453), stockte der Handel mit dem Orient. Wie sollte Europa an die begehrten Gewürze aus Indien kommen? Es blieb nur der Seeweg. Spanier und Portugiesen machten sich auf.

1492 segelte Christoph Kolumbus mit drei kleinen Schiffen vom spanischen Hafen Palos aus in Richtung Südwesten. Sein Ziel war Indien, das er durch Umrundung der Erde zu finden hoffte. Den Astronomen und Geografen seiner Zeit war bereits bekannt, dass die Erde eine Kugel ist, doch der gemeine Mann wusste wenig davon, und auch unter Kolumbus' Besatzung graute manchem vor dem Absturz am Rand der Erdscheibe.

Kolumbus fand den Seeweg nach Indien nicht, dafür entdeckte er aber Amerika. Die Eroberer, die ihm folgten, zerstörten die Reiche der Eingeborenen in Mittel- und Südamerika (siehe Seite 64) und errichteten die ersten *Kolonien*. Ziel war zunächst die Ausbeutung der Gold- und Silbervorkommen, wozu Indios zur Zwangsarbeit herangezogen wurden.

Kolonien
Besitzungen eines Staates in einem anderen Land, die politisch und wirtschaftlich von ihm abhängig sind

Domäne
Spezialgebiet

Die Portugiesen nahmen die Route um Afrika herum. 1497/1498 gelangte Vasco da Gama nach Vorderindien. Der einträgliche Gewürzhandel wurde so zur *Domäne* der Portugiesen, die in Indien Niederlassungen gründeten. Es fand eine vorläufige Teilung der Welt statt, nach einem Schiedsspruch, den Papst Alexander VI. 1494 gefällt hatte: Die Grenze zwischen spanischen und portugiesischen Kolonien verlief ungefähr auf dem 40. Grad westlicher Länge. Später kam eine ähnliche Abmachung betreffend den 130. Grad östlicher Länge hinzu. Auf diese Weise gelangten Brasilien, Afrika und Indien an Portugal, das übrige Amerika und die Inselwelt des Pazifiks an Spanien.

Nach der Weltumsegelung des Portugiesen Fernão de Magalhães 1519-1522 (in spanischen Diensten) stand die Kugelgestalt der Erde endgültig fest.

Was wollte Martin Luther?

Eine Reform der Kirche „an Haupt und Gliedern“ stand lange schon an. Mit dem Auftreten Luthers wurde sie Wirklichkeit. Anlass war eine skandalöse Werbeaktion, mit der die Kirche Geld für den Bau des Petersdoms in Rom auftreiben wollte.

Beauftragte des Papstes zogen durch Deutschland und verkauften so genannte Ablasszettel. Das waren Garantiescheine, die eine Befreiung vom Höllenfeuer versprachen.

Der Augustinermönch und Professor der Theologie Martin Luther war zu der Erkenntnis gelangt, dass der Mensch nicht gerecht wird durch Werke, sondern allein durch den Glauben, indem Gott ihn gnädig annimmt. Entsetzt von dem Ablasshandel, der seinen Auffassungen widersprach, verfasste er eine Streitschrift, die 95 „Thesen“, und lud die Kollegen der Wittenberger Universität zu einer Diskussion. Außerdem machten die Thesen, von Luthers Freunden in Druck gegeben, ihre Runde durch Deutschland und erregten überall die Gemüter.

Die Kirche fürchtete sowohl um ihr Geschäft als auch um ihre Autorität und forderte Luther zum Widerruf auf. Der lehnte ab: Man möge ihm „aus der Schrift“, also aus der Bibel, beweisen, dass er Unrecht habe. Das gelang niemandem. Luther blieb auch standhaft, als er 1521 nach Worms auf den Reichstag geladen wurde. Die Reichsacht, die anschließend über ihn verhängt wurde (eine Todesstrafe, die jeder vollstrecken durfte), konnte ihm nichts anhaben, denn sein Landesherr, der sächsische Kurfürst, brachte ihn auf der Wartburg in Thüringen in Sicherheit. Dort übersetzte Luther das Neue Testament. Währenddessen trat seine Lehre, verbreitet durch den Buchdruck (siehe Seite 59), ihren Siegeszug an.

Wie kam es zur Kirchenspaltung?

Luther hatte keine Revolution im Sinn - er wollte keine eigene Kirche gründen, sondern nur die bestehende reformieren. Aber auf eine Trennung von der Papstkirche in Rom lief es bei der Reformation dann doch hinaus.

Luthers wenig radikale Gesinnung zeigte sich, als 1525 der Bauernkrieg ausbrach. Die aufständischen Bauern beriefen sich auf den Theologen aus Wittenberg, doch der wandte sich von ihnen ab: Jedermann sei untertan der Obrigkeit, also den Herrschenden, ließ er sie wissen. Gegen den Einspruch seiner Anhänger, etwa Thomas Müntzers, verteidigte er die brutale Niederschlagung des Aufruhrs durch die Heere der Fürsten.

Die Gemeinden, die nach Luthers Lehre lebten, nannten sich evangelisch (weil sie zum Urtext der Evangelien zurückkehrten) oder protestantisch (weil sie gegen die über Luther verhängte Reichsacht protestierten). Sie legten ihre Glaubensgrundsätze 1530 in der Augsburger Konfession nieder und fanden für sich zu einer eigenen Form, der evangelisch-lutherischen Kirche – allerdings nur dort, wo sich die Landesherren dafür einsetzten. Teile des Reiches hielten weiter zum Papst und seiner, wie man nun sagte: katholischen („allgemeinen") Kirche. Die Parteien stießen im Schmalkaldischen Krieg 1546/1547 aufeinander. Kaiser Karl V. erfocht dabei auf katholischer Seite in der Schlacht von Mühlberg den Sieg. Aber er konnte ihn nicht ausnutzen, da er sich gleich wieder gegen auswärtige Gegner wenden musste. Im Augsburger Religionsfrieden von 1555 wurde ein Kompromiss gefunden: Die Protestanten waren den Katholiken gleichgestellt; der jeweilige Landesherr entschied, welche Konfession in seinem Gebiet galt.

In der so genannten Gegenreformation versuchten Katholiken, den alten Zustand wiederherzustellen. Karl V. (seit 1519 Kaiser) stand hinter dieser Idee.

Wer war Karl V.?

Der Herrscher, in dessen Reich die Sonne nicht untergeht, so nannte man den Habsburger Kaiser. Karl V. versuchte noch einmal, das Werk Karls des Großen aufzunehmen und Friedenswahrer und Verteidiger des Glaubens zu sein.

Auf den Thron kam Karl V. durch Bestechung. Er war der Kandidat, der den Kurfürsten, die den deutschen König wählten, die höchste Summe bot. Das Geld stammte von der Augsburger Kaufmannsfamilie Fugger, die sich gute Geschäfte versprach.

Karl war 19 Jahre alt, als man ihn wählte. In den Niederlanden aufgewachsen, sprach er nur gebrochen deutsch und durchschaute kaum die Verhältnisse im Deutschen Reich.

Er lebte und dachte in größeren Zusammenhängen. Als Enkel des Kaisers Maximilian I. hatte er die Herrschaft in Spanien, Neapel und den burgundischen Niederlanden geerbt. Durch Heirat gewann er Portugal hinzu. 1530 wurde er in Bologna zum Kaiser gekrönt. Karl V. führte erfolgreich Kriege gegen die Türken, gegen Frankreich und gegen die protestantischen Fürsten in Deutschland. In Mittel- und Südamerika entstanden die ersten spanischen Kolonien. Konturen eines Riesenreiches zeichneten sich ab.

Doch Karls Vorstellung, das Kaisertum des Mittelalters wieder zu beleben, war der neuen Zeit nicht mehr angemessen. Und Karls Kaiseridee wusste ihrerseits auf geistige Bewegungen wie Humanismus, Renaissance (siehe Seite 66 f.) und Reformation (siehe Seite 69) keine Antwort. Am Ende seine Lebens gab der Monarch freiwillig die Macht ab (1555) und zog sich in die Einsamkeit eines spanischen Klosters zurück, wo er 1558 starb.

Wie kam es zum Dreißigjährigen Krieg?

Die religiösen Gegensätze in Deutschland waren durch den Augsburger Religionsfrieden von 1555 nur vorläufig zur Ruhe gekommen. Sie flammten wieder auf, als der Katholik Ferdinand von Österreich 1617 zum König von Böhmen gewählt wurde.

Ferdinand versuchte sogleich, das weit gehend protestantische Land katholisch zu machen. Am 23. Mai 1618 stürmte eine aufgebrachte Menge das Prager Schloss und warf zwei von Ferdinands Räten aus dem Fenster. Das war der Auslöser zu einem Krieg, der dreißig Jahre lang in Deutschland tobte. Er fing als Religionskrieg an, aber sofort mischten sich politische Interessen hinein, und diese wuchsen, je länger der Krieg dauerte. Denn immer mehr Parteien beteiligten sich, und schließlich führte halb Europa Krieg auf deutschem Boden.

Auf Seiten der Protestanten griff Christian IV. von Dänemark 1625 ein. 1630 erschien der Schwedenkönig Gustav Adolf auf dem Kampfplatz. Ab 1635 kamen französische Truppen dazu. Aus England und den Niederlanden floss Geld. Die Katholiken erhielten Verstärkung aus Spanien.

In vielen Heeren dienten Söldner. Sie kämpften nicht für die Sache, sondern für Geld. Kriegsunternehmer wie Albrecht von Wallenstein (1583-1634) konnten deshalb riesige Armeen aufstellen.

Leidtragende war die Bevölkerung. Mehr als je ein Krieg zuvor wurde der Dreißigjährige Krieg auf dem Rücken des Volkes ausgetragen. Die Armeen lebten von dem, was sie erbeuteten: Dörfer und Städte wurden geplündert, um die Soldaten zu ernähren.

Es gab keinen Sieger. 1648 schlossen die Parteien in Münster und Osnabrück den Westfälischen Frieden. Seine Ordnung hielt in der Mitte Europas 150 Jahre vor. Und einen Krieg um den Glauben gab es danach hier zu Lande nie mehr.

Auf Gemälden ließ er sich porträtieren als Gott Apoll, der die Rosse des Sonnenwagens lenkt, und im Hofballett tanzte er im golddurchwirkten Kostüm als aufgehende Sonne. Für Ludwig XIV. von Frankreich war die Sonne Symbol seiner Herrschaft.

Wer war der Sonnenkönig?

Als Ludwig XIV. 1661 auf den Thron gelangte, stand Frankreich glänzend da. Seine Beteiligung am Dreißigjährigen Krieg (siehe linke Seite) hatte dem Land einiges eingebracht. Die Wunden seiner Religionskriege im 16. Jahrhundert (Katholiken gegen Protestanten, die in Frankreich Hugenotten hießen) waren vernarbt. Frankreich besaß einen Beamtenapparat, eine gesunde Wirtschaft, die staatlich gelenkt wurde, und ein stehendes Heer, d.h. eine bewaffnete Macht, die jederzeit einsetzbar war.

Der ganze Staatsaufbau war auf den Mann an der Spitze zugeschnitten. Man nennt diese Herrschaftsform Absolutismus, und Ludwig XIV., der Sonnenkönig, war ihr klassischer Vertreter. Absolut, das heißt uneingeschränkt, war die Macht des Monarchen aber nur gegenüber seinen Untertanen. Dem moralischen und religiösen Recht musste auch er sich beugen, das unterschied den absolutistischen Herrscher vom Tyrannen oder Diktator. In seiner langen Regierungszeit (bis 1715) führte Ludwig XIV. zahlreiche Kriege, gegen Spanien, die Niederlande, England und das Deutsche Reich – Kriege, mit denen er die Macht Frankreichs vergrößern wollte und die am Ende doch nur die Staatskasse leerten. Endgültig Bankrott aber machte er sein Land mit einem Prachtbau, an dem ein halbes Jahrhundert gearbeitet wurde: Das Schloss Versailles bei Paris kostete nach heutiger Währung 25 bis 30 Milliarden Euro.

Ludwig XIV. wird der Ausspruch „Der Staat bin ich" in den Mund gelegt. Ob er das wörtlich so gesagt hat, ist strittig.

Welche Rechte erkämpfte das englische Parlament?

In England war die Macht des Königtums eingeschränkt durch das Parlament: Im Oberhaus saßen die Vertreter des Hochadels und der hohen Geistlichkeit, im Unterhaus diejenigen des niederen Adels und des reichen Bürgertums.

Das Parlament hatte das Recht der Steuerbewilligung, und in dieser Frage stießen seine Vertreter regelmäßig mit dem König zusammen, der Geld für Hofhaltung oder Kriege ausgeben wollte, was ihm die Untertanen verweigerten. Unter Karl I. aus dem Hause Stuart kam es zum offenen Kampf. Der König marschierte mit Soldaten ins Unterhaus, um widerspenstige Abgeordnete zu verhaften. Daraus entstand 1642 ein Bürgerkrieg, in dem die Truppen des Parlaments unter Führung des Landedelmannes Oliver Cromwell schließlich siegten. Karl I. wurde vor Gericht gestellt und am 30. Januar 1649 öffentlich enthauptet – eine Sensation im damaligen Europa.

Cromwell errichtete danach eine Diktatur, die aber mit seinem Tod 1658 wieder auseinander fiel. Zwar hatte England ab 1660 wieder Könige, zunächst nochmals aus dem Hauses Stuart, danach aus dem Hause Oranien, doch wurden nun die Befugnisse des Parlaments und die bürgerlichen Freiheitsrechte festgeschrieben: Die Habeas-Corpus-Akte von 1679 verpflichtete die Polizei, niemand ohne richterlichen Befehl in Haft zu nehmen. Die Bill of Rights („Bekanntgabe der Rechte") von 1689 bestätigte das Steuerbewilligungsrecht des Parlaments. In seinen Räumen war Redefreiheit garantiert, und es durfte Gesetze beschließen. Der König empfing seine Krone aus den Händen des Parlaments. Damit war der Grund gelegt für die *konstitutionelle Monarchie*.

konstitutionelle Monarchie
Staatsform mit einem Königtum, das sich an die Verfassung halten muss

Was war die russische Autokratie?

Autokratie nennt man den Herrschaftsstil, der in Russland lange Zeit üblich war. Wörtlich heißt das „Selbstherrschaft“. Die bekanntesten Autokraten waren Iwan IV., genannt der Schreckliche, und Peter I. der Große.

Iwan der Schreckliche wurde als Dreijähriger zum russischen Regenten erhoben. Als er 1547 Zar wurde, nahm er, gestützt auf den Dienstadel und seine Leibwache, eine Reform seines Reiches in Angriff, die auf die Entmachtung des Erbadels hinauslief. Widerstand warf er mit Gewalt nieder, seine Gegner ließ er hinrichten, enteignen oder vertreiben. Es kam so weit, dass er die Einwohnerschaft ganzer Städte ausrottete. Sein Volk erduldete den Terror und litt schweigend. Der Zar war für die Menschen der Geweihte des Herrn, und davon ließ es sich nicht abbringen, mochte er auch noch so wüten.

Eine für die russische Geschichte bedeutsame Maßnahme geht auf Zar Iwan IV. zurück: 1558 gab er der Kaufmannsfamilie Stroganow eine Besitzurkunde über Sibirien. Es begann eine der großen Eroberungstaten der Menschheit: die Erschließung des Riesengebietes hinter dem Gebirgszug des Ural.

Vom Reformeifer beseelt war auch Peter der Große. 1689 auf den Thron gelangt, versuchte er mit aller Macht, den Anschluss seines rückständigen Landes an Europa zu vollziehen. Er holte ausländische Fachleute ins Land und errichtete eine neue Hauptstadt, St. Petersburg. Die altrussischen Traditionen bekämpfte er bis hin zur Bart- und Kleidertracht. Wo es Widerstand gab, war auch er mit Todesurteilen zur Hand und schonte nicht einmal die eigene Familie: Seinen Sohn Alexei ließ er im Gefängnis verhungern.

Wer war der Alte Fritz?

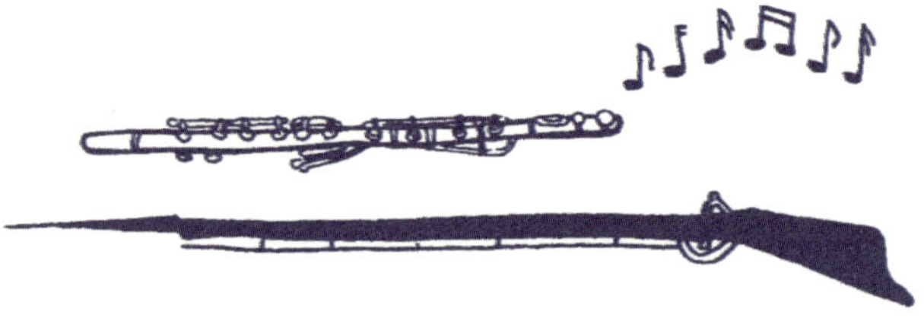

Als „des Deutschen Reiches Streusandbüchse" wurde Preußen wegen seiner wenig ertragreichen Böden verspottet. Aber klug und sparsam wirtschaftend, brachten es seine Monarchen im 17. und 18. Jahrhundert in die Höhe.

„Ich bin nur der erste Diener meines Staates", hatte sein Vater Friedrich Wilhelm I. verkündet, und der Sohn Friedrich II. (1740–1786) hielt es nicht anders. Nach dem Tod des Vaters auf den preußischen Thron gelangt, ging sein ganzes Bestreben dahin, den preußischen Staat zu vergrößern. Sich selbst schonte er dabei nicht – in den Kriegen, die er gegen Österreich, Frankreich und Russland führte, teilte er Not und Entbehrungen mit seinen Truppen und musste daran gehindert werden, sich persönlich ins Schlachtengetümmel zu werfen.

Die Nachwelt gab ihm den ehrenden Beinamen „der Große". Für seine Untertanen aber war er der „Alte Fritz". Zahlreiche Anekdoten belegen seine volkstümliche, teilweise „moderne" Haltung. So sprach er sich für Pressefreiheit aus („Gazetten [Zeitungen] dürfen nicht genieret [behindert] werden") und für religiöse Toleranz („In meinem Staat soll jeder nach seiner Fasson [auf seine Weise] selig werden"). Richter wies er an, „ohne Ansehen der Person Großen und Kleinen, Reichen und Armen" gleiches Recht widerfahren zu lassen, und gab auch selbst ein Beispiel: Neben seinem Schloss Sanssouci stand eine Mühle, deren Geklapper ihn störte. Er bot dem Müller an, die Mühle zu kaufen, und drohte schließlich mit Enteignung. Doch der Müller erwiderte, es gäbe ein Kammergericht in Berlin, das ihn gegen die Willkür des Königs schützen würde. Da gab Friedrich sein Vorhaben auf, die Mühle blieb stehen.

Wo wurden die ersten Kolonialkriege geführt?

Spanier und Portugiesen waren im 16. Jahrhundert die Ersten, die über die Weltmeere segelten und Kolonien gründeten. Ihnen folgten Engländer, Franzosen und Niederländer. Europa machte sich die Welt untertan.

Die entlegensten Gegenden wurden erkundet: das Seegebiet zwischen Amerika und Grönland (1585/1610), die Arktis (1648), die Wasserstraßen der pazifischen Inselwelt. Der Niederländer Abel Tasman entdeckte 1642–1659 die Mauritius-Inseln, Vandiemensland (Tasmanien), Neuseeland und Neu-Guinea. In drei großen Reisen befuhr der Engländer James Cook die Küsten Australiens, Neu-Kaledoniens, der Neuen Hebriden und der Osterinsel. Er entdeckte u.a. Hawaii, wo er 1779 von Eingeborenen erschlagen wurde.

Handelsgesellschaften, so genannte Kompanien, taten sich zusammen, um die Reichtümer Asiens und Amerikas auszubeuten. Dabei traten schon bald Rivalitäten auf. In Indien verdrängten erst die Niederländer die Portugiesen aus ihren Positionen, um diese dann wiederum an die Engländer zu verlieren, die sich danach gegen französische Interessen zu wehren hatten. Genauso konkurrierten die Handelsnationen in der Karibik. Den nordamerikanischen Kontinent nahmen Franzosen von Norden aus, über das heutige Kanada, und von Süden über den Mississippi (Louisiana) in Besitz. Die Engländer siedelten zunächst an der Ostküste – hier entstanden die Neu-England-Staaten, in denen viele religiös Verfolgte aus Europa Aufnahme fanden. Bei ihrem stetigen Vordringen stießen die Kolonialmächte bald aufeinander. Im amerikanischen Kolonialkrieg von 1754–1763 siegten Engländer über Franzosen.

Der Kolonialkrieg bildet den Hintergrund für die berühmten „Lederstrumpf"-Romane von J. F. Cooper.

Was wollte die Aufklärung?

Im 17. und 18. Jahrhundert löste sich das europäische Geistesleben endgültig von den Fesseln der Kirche. Die wissenschaftliche Erforschung der Erde war im Gang, die Möglichkeiten der Erkenntnis schienen unbegrenzt. Es begann das Zeitalter der Aufklärung.

Was bedeutet Aufklärung? Der deutsche Philosoph Immanuel Kant lieferte die Erklärung: Aufklärung ist der „Ausgang des Menschen aus seiner selbst verschuldeten Unmündigkeit".

Den eigenen Verstand gebrauchen! Nicht länger sich von anderen vorschreiben lassen, was und wie man denken will! Vorurteile und Aberglauben bekämpfen!

Träger dieser Geistesrichtung war das Bürgertum.

Ideal erstrebtes Ziel

Humanität Menschlichkeit

Pädagogik Erziehungswissenschaft

Der Adel hatte abgewirtschaftet, das Bürgertum marschierte vorneweg, wenn es um technische Neuerungen und wissenschaftlichen Fortschritt ging. Das Bürgertum besaß *Ideale* – diese hießen Vernunft, Mut zur Kritik, geistige Freiheit, religiöse Toleranz und Erziehung zur *Humanität*.

Das Interesse der Aufklärer war umfassend. Es richtete sich auf Fragen der *Pädagogik* genauso wie auf die Literatur, die Philosophie, die Geschichte und die Naturwissenschaften. Auch vor der Religion machte es nicht Halt.

Auf wirtschaftlichem und gesellschaftlichem Gebiet wirkte sich die Aufklärung als Liberalismus aus. Das bedeutete: Gewerbe, Handel und Wettbewerb sollten frei sein und ohne staatliche Gängelung auskommen. Wenn alle nach Gewinn strebten, würden daraus wirtschaftlicher Aufschwung und Wohlstand für alle erwachsen. „Laissez faire, laissez passer" (lasst machen, lasst gehen) lautete die Parole.

Politische Sprengkraft entwickelte die Aufklärung auf dem Gebiet der Staatslehre. Der Engländer John Locke und der Franzose Charles de Montesquieu formulierten die Lehre von der Volks*souveränität*, der *Gewaltenteilung* und dem Widerstandsrecht. Für die Demokratien, die sich in England und den USA entwickelten, waren das bestimmende Elemente.

Es gab aber auch bereits eine radikale Variante. Sie stammte von dem Genfer Schriftsteller und Pädagogen Jean-Jacques Rousseau. Sie ging von einem Gesellschaftsvertrag aus, in dem alle Gewalt beim Volk liegt, das sie der Regierung für eine bestimmte Zeit überträgt. Rousseau führte aber eine wichtige Unterscheidung ein: Der Wille des Volkes sei nicht mengenmäßig zu verstehen als Wille aller, sondern als Gesamtwille, der auf das Gemeinwohl zielt. Und dieser Gesamtwille könne auch von einer Minderheit getragen sein. Damit hatte Rousseau das Tor zur Französischen Revolution (siehe Seite 82) aufgestoßen. Dort trieben ja zum Teil kleinste Gruppen die revolutionäre Entwicklung voran mit der Behauptung, Träger des Gesamtwillens zu sein und das Richtige zu tun – egal ob die große Masse mitmachte oder nicht.

Der Niederländer Hugo Grotius erklärte den Staat aus der geselligen Natur der Menschen, die sich freiwillig zusammengeschlossen hätten, wobei jeder ein Naturrecht auf Leben, Freiheit und Eigentum habe. In Grotius' Lehre hatten das Gottesgnadentum des Herrschers und der Eroberungskrieg keinen Platz.

Souveränität
Herrschaftsgewalt eines Staates

Gewaltenteilung
Aufteilung der staatlichen Macht in Gesetzgebung, Rechtsprechung und Verwaltung

Jean-Jacques Rousseau (1712-1778)

Warum wehrten sich die Siedler in Amerika gegen ihr britisches Mutterland?

Die britische Regierung betrachtete ihre Kolonien allesamt als Melkkühe. Doch in Nordamerika stieß sie damit auf Widerstand. Die Kolonisten dachten nicht daran, sich auf alle Zeit von London ausplündern zu lassen.

Import
Einfuhr von Waren

Der Streit zwischen Kolonien und Mutterland entzündete sich an einer Erhöhung der Steuern und Zölle. „No taxation without representation", keine Steuern ohne eine Mitbestimmung im Londoner Parlament – so lautete die Parole der Siedler in Virginia, Massachusetts und den anderen Neu-England-Staaten an der Ostküste Nordamerikas. Zum Symbol dieser Forderung wurde der *Import*zoll auf Tee aus Ostindien. Im Jahr 1773 stürmten als Indianer verkleidete Kolonisten ein Schiff im Hafen von Boston und warfen 342 Kisten Tee ins Wasser. Als „Boston Tea Party" ging dieses Ereignis in die amerikanische Geschichte ein. Drei Jahre später sagten sich die Kolonien vom Mutterland los und erklärten ihre Unabhängigkeit. Unter dem Kommando des Gutsbesitzers George Washington nahmen sie den Kampf gegen die britischen Truppen auf. Unterstützt von Frankreich, konnten die dreizehn Neu-England-Staaten sich militärisch behaupten. 1783 schlossen die Parteien in Versailles Frieden, Großbritannien verzichtete auf seinen transatlantischen Besitz, nur Kanada verblieb ihm. Der bislang lockere Bund der amerikanischen Staaten schloss sich 1787 zu den Vereinigten Staaten von Amerika zusammen. Der erfolgreiche Heerführer George Washington wurde zum ersten Präsidenten gewählt. Die USA gaben sich eine Verfassung, die man mit ihrer Gewaltenteilung und ihrem System gegenseitiger Kontrolle das Grundgesetz der modernen Demokratie nennen kann.

Als wichtigen Grundsatz ihrer Unabhängigkeit beschworen die Kolonien das Recht eines jeden Menschen auf Leben, Freiheit und das Streben nach Glück („life, liberty and the pursuit of happiness").

Wann endeten Sklaverei und Sklavenhandel?

Die Sklaverei hatte es schon in den Hochkulturen des Altertums gegeben. Zumeist waren es Kriegsgefangene, die man in Knechtschaft hielt und Zwangsarbeit verrichten ließ. Auch im Römischen Reich schufteten Sklaven auf den Äckern.

Im Europa der Neuzeit war die Sklaverei weit gehend abgeschafft. Aber in den Kolonien setzte sie sich fort und wurde in Amerika sogar zu einer Massenerscheinung. Vom Ende des 15. bis in die Anfänge des 19. Jahrhunderts hinein blühte der Sklavenhandel.

Man hatte in den Zuckerrohr-, Baumwoll- und Tabakplantagen auf den Karibischen Inseln und im Süden der heutigen USA zunächst Indianer eingesetzt und damit innerhalb kürzester Zeit ganze Stämme ausgerottet. Findige Händler kamen auf die Idee, Arbeitskräfte aus Afrika zu holen.

Ungefähr 12 Millionen Sklaven wurden nach Amerika verschifft, davon überlebten die Überfahrt etwa 10 Millionen. Auf Sklavenmärkten wurden Männer, Frauen und Kinder angeboten wie Vieh. Wer sie kaufte, dessen Eigentum wurden sie. Wenn Sklaven bei der Arbeit vor Erschöpfung starben oder wegen schlechter Leistung totgeprügelt wurden, zog niemand ihren Besitzer zur Rechenschaft.

Unter dem Einfluss der Aufklärung (siehe Seite 78 f.) ergriff die britische Regierung 1807 erste Maßnahmen gegen den Sklavenhandel, 1815 einigten sich die europäischen Staaten insgesamt auf ein Verbot. Die Freilassung der Sklaven kam allerdings erst einige Jahrzehnte später. In den USA bedurfte es erst der Niederlage der Südstaaten im Bürgerkrieg 1865 (siehe Seite 92), bevor die Sklaverei aufhörte.

Wie kam es zur Französischen Revolution?

Die üppige Hofhaltung und die vielen Kriege des Sonnenkönigs Ludwig XIV. (siehe Seite 73) hatten die Finanzen Frankreichs zerrüttet. Reformen seiner Nachfolger blieben wirkungslos, da Adel und Geistlichkeit ihre alten Vorrechte nicht hergaben.

Es war das Bürgertum, das auf eine grundlegende Änderung der Verhältnisse drängte. Geplante Steuererhöhungen brachten die französischen Generalstände im Juni 1789 in Versailles bei Paris zusammen. Als Adel und Geistlichkeit sich weigerten, mit den Bürgern abzustimmen, erklärten sich diese zur Nationalversammlung und schworen, nicht eher auseinander zu gehen, bis Frankreich eine neue Verfassung hätte.

Der Sturm auf die Bastille wird noch heute als französischer Nationalfeiertag mit großen Paraden begangen.

In die angespannte Situation hinein drangen Gerüchte, der König Ludwig XVI. sammele Truppen vor Paris. Daraufhin brach in der Hauptstadt ein Aufstand aus. Eine Menschenmenge stürmte am 14. Juli 1789 die Bastille, das alte Staatsgefängnis.

Am 26. August erfolgte die Erklärung der Menschenrechte nach amerikanischem Vorbild. 1791 bekam Frankreich eine neue Verfassung. Noch war das Land eine Monarchie, doch die Entwicklung hin zur Republik ging unaufhaltsam weiter. Das übrige Europa versuchte einzugreifen, aber seine Heere wurden von den Freiwilligenarmeen der Republik besiegt. Als der König zu fliehen versuchte, wurde er zum Tod verurteilt. Das gleiche Schicksal erlitten tausende von Gegnern der Revolution. Zuletzt setzten die untereinander zerstrittenen Revolutionäre die Guillotine, eine Hinrichtungsmaschine, auch gegeneinander ein. Erst mit der Bildung des von gemäßigten Kräften getragenen „Direktoriums“ 1795 beruhigte sich die Lage.

Das 19. Jahrhundert

Wie gelang Napoleon der Aufstieg?

Als 1789 die Revolution ausbrach, war Napoleon ein kleiner Artillerieleutnant. Acht Jahre später führte er als General die französische Armee von Sieg zu Sieg. Und weitere acht Jahre darauf war er der mächtigste Mann Europas.

In den Heeren der Revolution konnte man Blitzkarriere machen. Napoleon Bonaparte, aus Korsika stammend, erkannte die Zeichen der Zeit. Nach Siegen über die Österreicher in Oberitalien 1796/97 und einem erfolgreichen Feldzug nach Ägypten 1798/99 wusste er seine Soldaten in bedingungsloser Treue hinter sich. Am 9. November 1799 wagte er den Staatsstreich in Paris. Er ließ sich zum Ersten Konsul der Republik ernennen. Doch er wollte mehr. 1804 krönte er sich selbst zum Kaiser.

1805 besiegte er die verbündeten Österreicher und Russen bei Austerlitz, 1806 die Preußen bei Jena und Auerstedt. Nur England leistete weiter Widerstand, gestützt auf eine Flotte, die Frankreich schwere Niederlagen (bei Abukir 1798, bei Trafalgar 1805) zufügte. Napoleon ordnete in der Mitte Europas die Staatenwelt neu, das alte Römische Reich Deutscher Nation (siehe Seite 49) verschwand. Mitglieder seiner Familie bedachte er mit Königstiteln, die es früher nie gegeben hatte. Auch ein Gesetzbuch für Europa schuf er, den Code Napoleon (1804).

Die Eroberungskriege gingen unentwegt weiter. 1808 marschierte Napoleon in Spanien ein, 1812 in Russland. Doch der Bogen war überspannt, der russische Feldzug endete im Desaster, und Napoleons Rückzug löste die Befreiungskriege in Deutschland aus. 1813 erlitten die Franzosen in der Völkerschlacht bei Leipzig eine schwere Niederlage, die Napoleons Herrschaft über Europa zusammenbrechen ließ.

Was wurde auf dem Wiener Kongress verhandelt?

Napoleon war besiegt, er hatte Frankreich verlassen und sich auf die Mittelmeerinsel Elba zurückgezogen. In Wien trafen sich die Staatsmänner Europas, um die Verhältnisse zu ordnen, die Napoleon durcheinander geworfen hatte.

Nicht überall war Napoleons Herrschaft als Unterdrückung empfunden worden – die französischen Heere hatten auch die Ideale der Revolution in Europa verbreitet. An den Kongress, der in Wien im September 1814 begann, knüpften sich daher auch die Hoffnungen, dass er Freiheit und Demokratie stärken würde. Doch die Politiker wollten erst einmal Ruhe und Sicherheit, und dafür setzten sie viele der Fürsten und Könige wieder auf ihre Throne. Die fünf Großmächte Frankreich, England, Preußen, Österreich und Russland regelten ihre Beziehungen untereinander so, dass zwischen ihnen ein Gleichgewicht herrschte. Mehr glaubten sie, nicht tun zu können.

So blieben viele Wünsche unerfüllt. Griechenland musste weiter unter der Herrschaft der Türken aushalten, die polnischen Teilungen wurden nicht rückgängig gemacht, in Italien dauerte die Kleinstaaterei fort. Auch Deutschland bekam den geschlossenen Staat nicht, den seine Bürger forderten. Lediglich der Deutsche Bund, ein Zusammenschluss von 41 Einzelstaaten, kam zu Stande.

Mitten in die Beratungen platzte die Nachricht, Napoleon sei in Südfrankreich gelandet und sammele seine Truppen wieder. Noch einmal mussten die Waffen sprechen. Der Kongress ging derweil ungestört weiter. Am 9. Juni 1815 wurde die Schlussakte unterzeichnet. Und am 18. Juni endete mit der Niederlage von Waterloo Napoleons Feldherrnglück endgültig.

Was waren die Ziele Simón Bolívars?

Die Auswirkungen der Französischen Revolution reichten bis nach Mittel- und Südamerika. Die Kolonien schüttelten die Herrschaft der Portugiesen und Spanier ab.

Weit gehend friedlich vollzog sich der Übergang in Brasilien. Der Vizekönig, Kronprinz Peter, eigentlich Beamter der portugiesischen Regierung, ging freiwillig zur Unabhängigkeitsbewegung über und ließ sich 1822 als Peter I. zum Kaiser ausrufen. 1826 erkannte Portugal die Unabhängigkeit seiner ehemaligen Kolonie an.

Regime
Herrschaftssystem, das die Freiheit seiner Bürger extrem beschneidet

Spanien tat sich schwerer. Es hatte in seinen überseeischen Besitzungen ein besonders starres *Regime* errichtet. Den Einheimischen, selbst den im Lande geborenen Weißen (man nannte sie Kreolen) wurden Staatsämter und Kirchenwürden verweigert. Die Kolonien durften mit ihren Erzeugnissen keinen Handel treiben, alles war an Spanien abzuliefern, und es durften auch nur spanische Produkte eingeführt werden.

Als König Ferdinand VII. die Forderung der Kolonien nach einer eigenen Vertretung und freiem Handel ablehnte, begannen diese den Krieg um ihre Unabhängigkeit (1817–1824), der mit dem Rückzug der Spanier endete. Entscheidend für den Sieg war die Unterstützung durch die Vereinigten Staaten, die Waffen lieferten und Einmischung von außen verhinderten.

Simón Bolívar hatte gehofft, dass aus dem Freiheitskrieg eine Union der südamerikanischen Staaten (vergleichbar den USA) hervorgehen würde. Doch die auf den Trümmern des spanisch-portugiesischen Kolonialreiches errichteten Staaten gingen jeder ihre eigenen Wege. Bolívar, zuletzt Präsident von Peru, legte das Amt 1830 enttäuscht nieder und starb noch im selben Jahr.

Lange war das Bürgertum in Deutschland von der politischen Macht fern gehalten worden. Aber mit den Unruhen in Frankreich im Februar 1848 änderte sich alles.

Woran scheiterte die Revolution von 1848?

Denn im März 1848 brach die Revolution auch in Deutschland aus. Überall gab es Demonstrationen, in Berlin und Wien tobten Barrikadenkämpfe. Die Fürsten wichen vor dem Volkszorn zurück und ließen den Dingen vorerst freien Lauf.

Am 18. Mai 1848 zogen 586 Abgeordnete aus den deutschen Staaten in die Frankfurter Paulskirche ein. Die Versammlung, das erste deutsche Parlament, beschloss im Dezember 1848 einen Katalog der Grundrechte. Dazu gehörten: Gleichheit vor dem Gesetz, Abschaffung erblicher Vorrechte, Freiheit der Person, Briefgeheimnis, Unverletzlichkeit der Wohnung, Meinungs-, Glaubens- und Gewissensfreiheit, Recht auf Bildung, Freiheit der Wissenschaft.

Die Tagungen in Frankfurt gingen bis zum Sommer 1849, doch ließ sich das Programm, die Schaffung eines gesamtdeutschen Einheitsstaates, nicht verwirklichen. Fragen der künftigen Staatsform (Monarchie oder Republik?) oder des Staatsgebietes (mit Österreich oder ohne?) konnten nicht gelöst werden. Währenddessen kamen die Fürsten wieder zu Kräften und stellten zum Teil mit Waffengewalt die alten Zustände wieder her.

Die Verfassung, die das Paulskirchenparlament im März 1849 beschloss, blieb dadurch unwirksam. Doch in Vergessenheit geriet sie nicht, vor allem nicht der Grundrechtekatalog: Er wurde in die Weimarer Verfassung von 1919 (siehe Seite 105) ebenso übernommen wie in das Grundgesetz der Bundesrepublik von 1949 (siehe Seite 120).

Was bewirkte die Erfindung der Dampfmaschine?

Im 18/19. Jahrhundert brachten Erfindungen die technische Entwicklung in Riesenschritten voran. Eine Revolution begann - aber keine politische, sondern eine industrielle.

Mit der *Dampfmaschine* fing es an. Der Engländer James Watt baute die erste im Jahr 1769. Die neue Antriebsmaschine sorgte in Baumwollspinnereien, Gießereien und Schmiedewerkstätten für eine ungeheure Steigerung der Produktion. Als es gelang, sie in Fahrzeuge, in Schienenwagen und Schiffe, einzubauen, nahm das Verkehrswesen gewaltigen Aufschwung.

Dampfmaschine eine Maschine, in der Dampfdruck einen Kolben in einem Zylinder auf und ab bewegte und ein Gestänge die Auf- und Abwärtsbewegung in eine kreisförmige Bewegung umwandelte

Nach Entdeckung der elektromagnetischen Induktion (durch M. Faraday 1831) trat die Elektrizität ihren Siegeszug an. Mit Erfindung der Spinnmaschine konnte Baumwolle in großer Menge verarbeitet werden. Künstliche Düngemittel (J. Liebig 1840) steigerten die landwirtschaftlichen Erträge; synthetische Farbenherstellung (W. H. Perkin 1856) begründete die chemische Industrie.

Bisher hatte es nur so genannte Manufakturen (aus dem Lateinischen; *manus* = Hand, *factura* = das Machen) gegeben, in denen zwar viele Menschen gleichzeitig beschäftigt waren, aber doch nur Handarbeit mit einfachen Werkzeugen verrichteten.

Mit den Maschinen kam nun die Fabrikarbeit.

W. v. Siemens konstruierte 1866 die Dynamomaschine. Der Amerikaner Th. A. Edison erfand die erste Glühbirne (1879). C. F. Gauß und W. E. Weber erprobten den ersten Telegrafen (1833).

Arbeitsteilung war die Folge: Der einzelne Arbeiter führte nun immer gleiche Handgriffe an den Maschinen aus.

Am Beispiel der Weberei lässt sich der Wandel veranschaulichen. Der Weber James Hargreaves hatte 1764 ein Spinnrad erfunden, das er „Jenny“ taufte. Mit der Jenny konnte jeder zu Hause arbeiten. Nach ein paar Jahren fanden Unternehmer heraus, dass man die Jennys auch mit Pferde- oder Wasserkraft antreiben konnte. 1790 baute Edmund Cartwright den ersten mechanischen Webstuhl – die Weberei wurde Sache von großen Fabriken. Ein Wettbewerb setzte ein zwischen den Webern, die noch mit der Hand webten, und ihrer Konkurrenz, die Dampfmaschinen einsetzte. Da ein einziger mechanischer Webstuhl so viel leistete wie vierzig Handweber, war der Kampf bald zu Gunsten der Fabriken entschieden.

Durch die zunehmende Industrialisierung griff der Mensch massiv in den Haushalt der Natur ein. Ganze Regionen wie das Ruhrgebiet oder Mittelengland veränderten sich radikal.

Der gesteigerte Energiebedarf führte zu einer verstärkten Ausbeutung der Bodenschätze (Holz, Kohle, Erz), wiederum mithilfe von Maschinen. Bergbau und Eisenindustrie verbanden sich zur Schwerindustrie. Großbetriebe entstanden, die tausende von Menschen beschäftigten.

Große Transporte von Gütern oder Menschen hatte es bisher nur auf dem Wasserweg gegeben. Mit der Eisenbahn wurde das nun auch auf dem Landweg möglich. Die erste Dampflokomotive, eine Konstruktion des Engländers George Stephenson, fuhr 1814, 1835 die erste Eisenbahn namens „Adler" in Deutschland. In wenigen Jahrzehnten entstand ein Schienennetz, von dem in Mitteleuropa um 1850 nur die Hochalpen noch nicht berührt waren.

Im Jahr 1829 gewann Stephensons „Rocket" das legendäre Lokomotivrennen von Rainhill.

Die erste deutsche Eisenbahn, die „Adler", trifft in Berlin ein. (Foto um 1927)

Welche Folgen hatte die Industrielle Revolution?

Die Industrialisierung vollzog sich auf dem Rücken der Arbeiter. In den ersten Fabriken gab es keine Schutzvorrichtungen oder Sicherheitsbestimmungen. Die Arbeitszeit war nicht geregelt, der Fabrikherr setzte selbst den Lohn fest.

Viele Handwerker und Bauern waren durch die Fabriken und die Mechanisierung der Landwirtschaft brotlos geworden; sie vermehrten die Zahl der Arbeitssuchenden und wurden hemmungslos gegen die in den Fabriken Arbeitenden ausgespielt: Eingestellt wurde, wer die Arbeit am billigsten zu machen versprach – das konnten auch Frauen und selbst Kinder sein.

In den Industriebezirken griff Verelendung um sich. Berichte aus der ersten Hälfte des 19. Jahrhunderts schildern die Schinderei in den Fabriken, die ungesunden Wohnverhältnisse, mangelnde Ernährung, Krankheiten und frühen Tod der Arbeiter.

Entsprechend radikal waren die politischen Forderungen, die im Interesse der Arbeiterklasse vorgebracht wurden. 1848 veröffentlichten Karl Marx und Friedrich Engels ihr „Kommunistisches Manifest". Darin hieß es: „Die *Kommunisten* erklären es offen, dass ihre Zwecke nur erreicht werden können durch den gewaltsamen Umsturz aller bisherigen Gesellschaftsordnungen." In seinen Schriften, vor allem dem „Kapital", gab Marx der Arbeiterbewegung das wissenschaftliche Fundament und beschrieb den Weg zur klassenlosen Gesellschaft.

Kommunismus
politische Richtung, fordert u. a. eine zentral gelenkte Wirtschaftsordnung. Fabriken sollen z. B. nicht Privatleuten, sondern dem Staat gehören

Mehr oder weniger *marxistisch* geprägt waren dann auch die Arbeiterorganisationen, die sich bildeten: 1851 wurde die erste Gewerkschaft in England gegründet, 1864 die Internationale Arbeiterassoziation. 1875 entstand die Sozialistische Arbeiterpartei Deutschlands, der Vorläufer der heutigen SPD.

Marxismus
das von Marx und Engels entwickelte System von politischen, wirtschaftlichen und sozialen Theorien

Wie wurde das Königreich Italien geschaffen?

Im Wiener Kongress 1814/15 hatten die Italiener ihren eigenen Staat nicht bekommen. Aber die Nationalbewegung ließ nicht locker. Ein geschickter Staatsmann namens Cavour brachte schließlich das Einigungswerk zu Stande.

Es war das im Norden Italiens ansässige Königshaus Sardinien-Piemont, von dem die Einigung Italiens ausging, und Camillo Cavour leitete als Ministerpräsident dessen Politik. Raffiniert spielte er die europäischen Mächte gegeneinander aus und benutzte unbedenklich auch radikale Bewegungen für seine Zwecke. Wie den Revolutionär Giuseppe Garibaldi, dessen Sieg über die spanische Fremdherrschaft im Königreich Neapel ihm sehr entgegenkam. Danach setzte er Garibaldis Revolutionsbemühen ein jähes Ende.

Cavours Meisterstück war, die Rivalität zwischen Österreich und Frankreich so weit zu treiben, dass ein Krieg ausbrach. Er wurde in Norditalien ausgetragen, das noch von Österreich besetzt war. Nach der Niederlage von Solferino (1859) musste Österreich Frieden schließen und Italien aufgeben. Der Weg zu einem Königreich Italien war frei. 1861 bestieg Viktor Emanuel II. aus dem Hause Sardinien-Piemont den Thron.

Die blutige Schlacht von Solferino hatte ein Nebenergebnis: Der Schweizer Kaufmann Henri Dunant, den es auf den Kampfplatz verschlagen hatte, beschloss nach den entsetzlichen Bildern, die er dort gesehen hatte, eine Organisation zur Hilfe von Kriegsopfern zu gründen. 1863 nahm das „Internationale Komitee zur Unterstützung der Verwundeten“ seine Arbeit auf. Unter dem Zeichen des Roten Kreuzes, der Umkehrung des Schweizer Wappens, wurde es weltbekannt.

Wie vergrößerten sich die Vereinigten Staaten?

Die dreizehn früheren britischen Kolonien, die 1776 ihre Unabhängigkeit erklärt hatten, nahmen nur einen kleinen Teil des nordamerikanischen Kontinents ein. Riesige Gebiete waren noch unerschlossen.

Nach dem Sieg über die britische Kolonialmacht (1783) und dem Kauf Louisianas von Napoleon (1803, für 15 Millionen Dollar) begann „The Winning of the West", die Eroberung und Besiedlung der weiten Gebiete im Westen. Millionen von Einwanderern aus Europa strömten ins „Land der unbegrenzten Möglichkeiten". Nur: Unbewohnt, wie manche glaubten, waren diese Gebiete nicht. Hier lebten Indianer, meist als Nomaden, die den riesigen Büffelherden über die Prärien folgten.

Die rasche Ausbreitung der Siedler hatte für die Ureinwohner des Landes katastrophale Folgen. Die Weißen brachten Krankheiten, sie vernichteten die Büffelherden, zogen Zäune, legten Äcker an und bauten Straßen und Eisenbahngeleise quer durchs Land. Verträge, die die Regierung mit den Indianern schloss, brach sie sogleich wieder. Wo Indianer sich gegen den Landraub wehrten, erschien US-*Kavallerie*. Nach Abschluss der „Indianerkriege" (die eher Ausrottungsfeldzüge waren) um 1880 lebte der kümmerliche Rest der Urbevölkerung in wenigen für sie vorgesehenen Gebieten (so genannte Reservate).

Kavallerie
berittene Truppen

Zur gleichen Zeit fand auch eine stürmische industrielle Entwicklung statt. Sie war jedoch auf den Norden beschränkt; der Süden blieb bei der hergebrachten Wirtschaftsweise, dem Plantagenbau mit seinem Millionenheer von schwarzen Sklaven (siehe Seite 81). Die wirtschaftlichen Gegensätze verschärften sich bis zum Bürgerkrieg (1861–1865), in dem sich der stärker gerüstete Norden schließlich durchsetzte.

Nur mit „Blut und Eisen“, also durch Krieg, seien die Probleme der Zeit zu lösen. Das war die Auffassung des preußischen Ministerpräsidenten Otto von Bismarck bei seiner Amtseinführung 1862.

Was geschah 1871 im Spiegelsaal von Versailles?

Bismarck hatte ein Ziel: die Wiederherstellung des deutschen Kaiserreichs unter preußischer Führung. Als preußischer Ministerpräsident setzte er gegen den Willen des Parlaments eine Erhöhung der Ausgaben für Rüstung durch: Preußen legte sich eine moderne und schlagkräftige Armee zu. In drei schweren Kriegen, die Bismarck politisch geschickt absicherte, 1864 gegen Dänemark, 1866 gegen Österreich und dessen deutsche Verbündete und 1870/71 gegen Frankreich, schuf er die Voraussetzungen für die Reichsgründung.

Die Reichsverfassung sah einen Bundesstaat vor, gebildet aus 22 Monarchien und drei Freien Städten, mit dem König von Preußen als deutschem Kaiser an der Spitze. Die Länderregierungen entsandten Vertreter in den Bundesrat, der die Gesetze bewilligte. Es gab eine Volksvertretung, den Reichstag, doch waren dessen Rechte begrenzt.

So klug Bismarck alles geregelt hatte – die Wahl des Ortes für die Ausrufung des Deutschen Kaiserreiches war ein grober diplomatischer Fehler. Die Feier fand – noch während des Krieges gegen Frankreich – im Spiegelsaal des Schlosses von Versailles statt. Am 18. Januar 1871 dröhnten Hurrarufe durch den prunkvollen Bau des Sonnenkönigs. Eine Versammlung von Fürsten und hohen Militärs jubelte dem Preußenkönig Wilhelm I. zu. Für den französischen Nationalstolz bedeutete die Veranstaltung eine ungeheure Demütigung; Frieden mit dem deutschen Nachbarn konnte so nicht entstehen.

Was war das Viktorianische Zeitalter?

Über Heiraten ihrer neun Kinder war Großbritanniens Königin Viktoria mit fast allen europäischen Fürstenhöfen verwandt; „Großmutter Europas“ wurde sie deswegen auch genannt. Einer ihrer Enkel war der deutsche Kaiser Wilhelm II.

Die lange Regierungszeit der Königin Viktoria (1837–1901) war die Blütezeit des Britischen Empire, das sich schließlich über ein Viertel der Erde erstreckte – das größte Weltreich der bisherigen Geschichte. Stützpunkte (Zypern, Singapur, Aden, Hongkong) und neue Handelswege (Suezkanal) schafften sichere Verbindungen zu den Kolonien und Schutzgebieten an der afrikanischen Ostküste, in Indien und der Südsee. Einzelne Kolonien taten die ersten Schritte zur Selbstverwaltung, so z. B. Kanada. Es entwickelten sich „Dominions“, die sich zum „British Commonwealth of Nations“ zusammenschlossen.

Besondere Bedeutung kam der Kolonie Indien zu. Hier wurde die private Ostindische Handelsgesellschaft verdrängt und 1857 ein britisches Vizekönigreich errichtet. Viktoria nahm 1877 den Titel einer Kaiserin von Indien an. Bei der Erschließung des riesigen Landes wurden aber die Strukturen der einheimischen Wirtschaft vernichtet, Indien sank zum Rohstofflieferanten herab. Hier setzte die indische Nationalbewegung an, die in Mahatma Gandhi (1869–1948) ihren ersten Vorkämpfer fand.

Innenpolitisch war die Viktorianische Ära die Hochblüte des Bürgertums. Die bürgerlichen Tugenden wie Fleiß, Selbstbeherrschung und starre Moral wurden allgemeine Normen. Die Bezeichnung „viktorianisch“ steht für eine Gesellschaft, in der Prüderie und Lustfeindlichkeit herrschen.

Welche Gefahren wurden durch den Imperialismus heraufbeschworen?

Industrielle Revolution und Maschinenzeitalter hatten Massenproduktion und Kapitalanhäufung hervorgebracht. Immer auf der Suche nach Rohstoffquellen und Absatzmärkten dehnten sich die Industrienationen über den Erdball.

Die europäischen Nationen, aber auch die Vereinigten Staaten und Japan hielten sich für berufen, Herrschaft über andere auszuüben, da sie (so war die Überzeugung) einer überlegenen Rasse angehörten. Das war der Imperialismus. Ihm trat innerhalb Europas ein Nationalismus zur Seite, der sich mit den einmal gezogenen Grenzen nicht zufrieden gab.

1899 und 1907 versuchten einsichtige Staatsmänner, auf Konferenzen in Den Haag eine Friedensordnung für die Welt zu Stande zu bringen, aber ihre Möglichkeiten reichten nicht aus. Auch Bemühungen der Arbeiterschaft (etwa der Kongress „Krieg dem Kriege“ 1912) konnten kaum Wirkung erzielen.

Um die noch nicht „vergebenen“ Kolonien setzte ein wilder Wettlauf ein. In den letzten beiden Jahrzehnten des 19. Jahrhunderts wurden in Afrika große Gebiete von Engländern und Franzosen besetzt, auch Belgien und Italien sicherten sich hier Kolonien. Indiens Randstaaten kamen unter englische Herrschaft, Indochina unter französische. Die Vereinigten Staaten brachten die Panama-Kanalzone unter ihre Kontrolle. Als Nachzügler erschien das Deutsche Reich, das nach 1884 Deutsch-Südwest (heute Namibia), Togo, Kamerun, Deutsch-Ostafrika (heute Tansania) und Inseln in der Südsee erwarb.

Es gab bei der hektischen Jagd nach überseeischem Besitz schwere internationale Krisen, z. B. als Briten und Franzosen 1898 bei Faschoda im Sudan zusammenstießen.

Wie löste sich Japan vom Mittelalter?

Noch bis zur Mitte des 19. Jahrhunderts hielten sich mittelalterliche Zustände in Japan. Eine Ritterkaste, die Samurai, stellte die Führungsschicht. Fremde hatten kaum Zugang ins Reich der aufgehenden Sonne.

Im Jahr 1853 erschien ein amerikanisches Geschwader in der Bucht von Tokio. Damit endete die Feudalzeit in Japan, d. h. die Zeit, in der allein der Besitz von Grund und Boden noch die Grundlage für Herrschaft gewesen war. Die Amerikaner erzwangen die Öffnung Japans für den Welthandel. Es folgte die rasante Umwandlung eines bis dahin noch ganz nach traditionellen Mustern lebenden und wirtschaftenden Gemeinwesens in einen modernen Industriestaat in wenigen Jahrzehnten. Dem Stand der Samurai wurden die Vorrechte entzogen – sie mussten nun Steuern zahlen wie jeder Japaner auch. Heerwesen, Justiz und Verwaltung wurden nach europäischen Vorbildern umgestaltet. Man holte ausländische Experten ins Land und schickte die jungen Japaner zum Studium nach Amerika oder Europa. Zu einer umfassenden Demokratisierung kam es aber erst einmal nicht; das einberufene Parlament hatte wenig zu sagen – die Macht lag beim Kaiser und seinen Beratern. Japan entwickelte einen ungezügelten Ausdehnungsdrang. 1894/95 griff es nach China (siehe rechte Seite) und eroberte Korea und Formosa (heute Taiwan). 1904/05 wagte Japan den Waffengang mit Russland. Dabei bewährte sich seine neue Flotte: In der Seeschlacht von Tsushima (27. Mai 1905) schossen die japanischen Kriegsschiffe ihre Gegner zusammen. Im Friedensschluss, der den russisch-japanischen Krieg beendete, zeigte sich: Eine neue Großmacht hatte die Weltbühne betreten.

Wie endete das Chinesische Kaiserreich?

China, einst die beherrschende Macht in Zentral- und Ostasien, war im 19. Jahrhundert in Bedeutungslosigkeit versunken. Die imperialistischen Nationen machten mit dem alten Riesenreich, was sie wollten.

Der jämmerliche Zustand des Chinesischen Kaiserreiches offenbarte sich im Opiumkrieg von 1839–1842. In diesem Krieg ging es tatsächlich, so verrückt das klingt, um das Rauschmittel Opium. Im britisch verwalteten Bengalen angebaut, wurde es mithilfe bestochener Beamter nach China eingeschmuggelt. Die kaiserliche Regierung versuchte, den Schleichhandel zu unterbinden, und erließ ein totales Opiumverbot für China. Daraufhin bombardierten britische Kriegsschiffe die chinesische Küste, um freien Zugang für ihre Waren zu erzwingen. Das Kaiserreich war zu einer wirksamen Gegenwehr nicht im Stande. Die Briten sicherten sich Hongkong als Stützpunkt und setzten den Handel mit Opium fort.

Nach dem verlorenen Krieg gegen Japan (1894/95) ging es mit dem chinesischen Reich vollends bergab. Es bildeten sich fremdenfeindliche Geheimgesellschaften, die so genannten Boxer, die gegen das Treiben der auswärtigen Mächte auf dem Boden Chinas protestierten und Attentate verübten. 1900/01 veranstalteten die europäischen Mächte (dazu Japan) eine Strafexpedition gegen die Boxer, die in der Eroberung der Hauptstadt Peking endete.

Danach fand sich der Kaiserhof endlich zu Reformen bereit. Doch brach bereits 1911 eine Revolution unter Führung des Arztes Sun Yatsen aus, die ein Jahr später zur Abdankung des letzten Kaisers Pu Yi und zur Gründung der Republik führte.

Wie kam es zu Bismarcks Entlassung?

Reichskanzler Otto von Bismarck hatte die Verfassung des Deutschen Reiches auf sich und sein gutes Verhältnis zum Kaiser Wilhelm I. zugeschnitten. Der lebte bis 1888. Dann kam sein Enkel Wilhelm II. ans Ruder, und alles wurde anders.

Wilhelm II. reichte es nicht, nur zu repräsentieren. Er wollte selbst Politik machen, Weltpolitik. Er wurde darin unterstützt von einflussreichen Kreisen. „Man war reich geworden, mächtig geworden und wollte es der Welt zeigen", so beschreibt ein Zeitgenosse, Walter Rathenau, die damals vorherrschende Stimmung. Bismarck dagegen mahnte zur Bescheidenheit. Vermittler bei internationalen Konflikten und nicht deren Verursacher, das sollte Deutschlands Rolle sein. An den Erwerb von Kolonien war er nur widerwillig gegangen, und die Kriegsflotte, Kaiser Wilhelms II. Steckenpferd, fand er auch nicht wichtig. Zum Bruch mit seinem Dienstherrn kam es jedoch bei der Frage, wie man sich zur *Sozialdemokratie* stellen sollte. Bismarck plädierte für Härte, er wollte das berüchtigte Sozialistengesetz von 1878 verlängern, der Kaiser es dagegen aufheben. Im März 1890 wurde Bismarck entlassen und zog sich auf seinen Besitz im Sachsenwald bei Hamburg zurück. Die Nachfolger taten, was Kaiser Wilhelm II. verlangte. Deutschland machte sich unbeliebt. Verbindungen, die Bismarck geknüpft hatte, etwa mit Russland, rissen ab. Um Deutschland herum entstanden Bündnissysteme, an denen das Reich keinen Anteil hatte. Mit dem Ausbau der Kriegsflotte machte es sich schließlich auch noch England zum Gegner. Einen Platz an der Sonne hatte Deutschland haben wollen (das Wort fiel in einer Reichstagssitzung 1897) – es geriet aber immer mehr in den Schatten.

Sozialdemokratie politische Richtung, die die soziale Fürsorge des Staates für seine Bürger in den Mittelpunkt stellt

Das 20. Jahrhundert und die Gegenwart

Was bewirkte das Attentat von Sarajevo?

Die österreichisch-ungarische Doppelmonarchie war gegründet worden, als der Nationalismus noch keine große Rolle spielte. Anfang des 20. Jahrhunderts jedoch begann es, im Vielvölkerstaat zu rumoren.

Ein Unruheherd war der Balkan. Die südslawischen Völker verlangten nach Selbstbestimmung. Ihre Sache vertrat Serbien, das 1878 die Unabhängigkeit erlangt hatte, während Kroatien und Bosnien im Verband der österreichisch-ungarischen Monarchie geblieben bzw. später hineingekommen waren.

In Bosniens Hauptstadt Sarajevo wurde am 28. Juni 1914 der österreichische Thronfolger Franz Ferdinand mit seiner Gattin Sophie von einem bosnischen Studenten erschossen. Für die Politiker in Wien war sofort klar, dass Serbien hinter dem Anschlag steckte. Bevor sie aber Maßnahmen gegen den serbischen Nachbarn ergriffen, holten sie sich Rückendeckung beim deutschen Verbündeten. Kaiser Wilhelm II. ermunterte sie zum Losschlagen. „Mit den Serben muss aufgeräumt werden, und zwar bald.“ Das war die Botschaft aus Berlin.

Die Diplomatie rotierte noch den ganzen Juli über, doch konnte sie nicht verhindern, dass eine fatale Kettenreaktion in Gang kam. Serbien wurde von Russland unterstützt, dieses war mit Frankreich verbündet, Frankreich wiederum mit England. Und überall trieben Militärs die Sache voran mit dem Argument: Der Krieg kommt so oder so, entscheidend ist, dass wir schneller sind als der Gegner.

So folgten dem österreichischen Aufmarsch gegen Serbien sofort Mobilmachungen und ab dem 1. August 1914 auch Kriegserklärungen. In Europa gingen (nach einem Wort des britischen Außenministers Grey) die Lichter aus.

Fröhlich zogen die jungen Männer im August 1914 in den Krieg. Er würde nicht lange dauern. „Bevor die Blätter fallen, seid ihr wieder daheim“, so versprach es Kaiser Wilhelm II. seinen Truppen.

Wie verlief der Erste Weltkrieg?

Die deutsche Führung glaubte, einen todsicheren Plan zu haben: Mit einem groß angelegten Vormarsch durch Belgien bis weit hinter Paris wollte man die Franzosen und deren englische Hilfstruppen einkreisen. Danach würde es mit voller Macht gegen Russland gehen. Doch der Angriff im Westen stockte bereits nach sechs Wochen, die Truppen gruben sich ein. Es folgte ein Stellungskrieg, der Jahre dauerte und keiner Seite Gewinn brachte, aber hunderttausende das Leben kostete.

Der Krieg weitete sich aus. Auf Seiten der „Mittelmächte“ (Deutschland, Österreich) griffen die Türkei und Bulgarien ein, auf Seiten der *Alliierten* (England, Frankreich, Russland) Italien und Rumänien. Ständig wurden neue Schauplätze eröffnet, man kämpfte in den Weiten des Ostens, auf dem Balkan und in Palästina und Mesopotamien, auf den Alpenkämmen genauso wie in der arabischen Wüste. Auch die überseeischen Kolonien wurden Kriegsgebiet. Neuartige Waffen kamen zum Einsatz, Flugzeuge, Maschinengewehre, Panzer, U-Boote. Der Verbrauch an Munition und Material warf alle Berechnungen über den Haufen, die Nationen mussten ihre ganzen Kräfte mobilisieren, um noch irgendwie mitzuhalten.

Alliierte
Verbündete (von Allianz)

Zwar schied Russland 1917 aus, aber dafür erschienen die USA auf dem Kampfplatz. Durch deren eingeführte Truppen und Kriegsgerät wurde die Sache entschieden. Im Herbst 1918 mussten die Mittelmächte um Waffenstillstand bitten, als Letzter (am 11. November) das Deutsche Reich.

Welche Revolution begann mit einer Eisenbahnfahrt?

Der deutschen Regierung war im Ersten Weltkrieg jedes Mittel recht, um den Ring ihrer Gegner zu sprengen. So kam es zu einem Bündnis mit dem gefährlichsten und energischsten Revolutionär der Zeit, Wladimir Iljitsch Lenin.

Lenin war wie viele seiner kommunistischen Gesinnungsgenossen vor der russischen Polizei ins Ausland ausgewichen. Er lebte in Zürich in der Schweiz. Da kam im März 1916 die Nachricht: In Russland haben die Soldaten gemeutert, der Zar hat abgedankt, eine bürgerliche Regierung ist eingesetzt. Für Lenin war die Rückkehr offen, und die Möglichkeit, aus der Machtübernahme des Bürgertums eine kommunistische Revolution zu machen, schien greifbar. Um nach Deutschland zu gelangen, musste er das Deutsche Reich durchqueren, das für kommunistische Revolutionäre eigentlich nichts übrig hatte. Doch da der Reichsregierung jeder willkommen war, der beim Kriegsgegner Russland Unruhe stiftete, ließ sie Lenin passieren.

Lenin und die Seinen gelangten auf Umwegen im April 1917 mit einem extra reservierten Zug nach St. Petersburg, damals Hauptstadt des Russischen Reiches. Dort und in Moskau hatten sich schon Arbeiter- und Soldatenräte gebildet, die zunehmend selbstbewusst auftraten. Mit ihnen gemeinsam konnten Lenin und seine Partei, die *Bolschewiki*, sich für die Übernahme der Macht rüsten. Nach Lenins Lehre genügte dafür eine kleine Gruppe, Hauptsache, sie war entschlossen genug.

Bolschewiki
von bolsche = Mehrheit (gemeint war damit die Mehrheit der russischen Sozialdemokratie)

Am 7. November 1917 erfolgte der Umsturz. Eine Menschenmenge stürmte den Regierungssitz im Winterpalais in St. Petersburg. Ein Rat der Volkskommissare mit Lenin an der Spitze übernahm die Führung. Als Erstes verkündete er den Ausstieg Russlands aus dem Krieg. Dann beendete er die Demokratie, kaum dass man sie eingeführt hatte. Die verfassunggebende Versammlung, in der die bürgerlichen Parteien noch die Mehrheit hatten, wurde gewaltsam aufgelöst, Russland zur Sowjetrepublik erklärt (*sowjet* = Räte). Und eine Geheimpolizei, die „Tscheka", begann, Gegner des Umsturzes zu verfolgen.

Gegner gab es viele, vor allem in der Armee, beim Adel und im Bürgertum. Zarentreue Generäle stellten vom Ausland unterstützte Armeen auf. Ein Bürgerkrieg entbrannte (1918–1920), in dem das bolschewistische Regime mehrmals kurz vor dem Untergang stand. Schließlich setzte sich aber doch die Rote Armee, der bewaffnete Arm der Revolution, durch.

Lenin, der Führer der Revolution, starb am 21. Januar 1924. Ein Mann trat sein Erbe an, vor dem Lenin gewarnt, dessen Aufstieg er aber nicht hatte verhindern können: Josef Stalin. Unter ihm wurde Sowjetrussland zur *Diktatur* mit „Säuberungen" in den eigenen Reihen und mit Millionen von Opfern in den Straflagern. Durch Zwangs*kollektivierung* der Landwirtschaft und den Aufbau einer leistungsfähigen Schwerindustrie stieg es in den Kreis der Weltmächte auf.

Der bolschewistische Umsturz der russischen Regierung wird als Oktoberrevolution bezeichnet, weil er nach der damals noch in Russland geltenden Zeitrechnung am 25. Oktober 1917 stattfand.

Während der bolschewistischen Revolution wurde im Juli 1918 Zar Nikolaus II. mit seiner Familie ermordet.

Diktatur
Alleinherrschaft mit unbeschränkter Gewalt

Landwirtschaftliche Kollektivierung
Die Bauern mussten ihr Land an Genossenschaften abgeben, das heißt, dieses Land gehörte nun der Allgemeinheit.

Wladimir Iljitsch Lenin und Josef Stalin 1922 auf der Krim

Was bezweckte das Friedensdiktat von Versailles?

In Vororten von Paris wurden nach dem Ende des Ersten Weltkrieges die Friedenskonferenzen geführt. Für die Verhandlung der deutschen Sache wählte man Versailles.

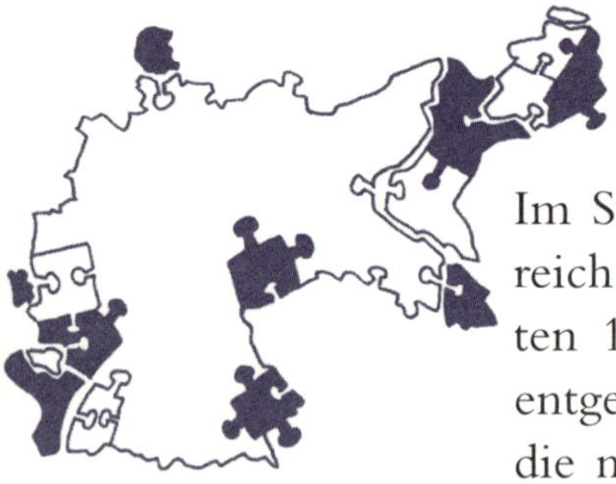

Im Schloss Ludwigs XIV., in dem 1871 das deutsche Kaiserreich aus der Taufe gehoben worden war (siehe Seite 93), hatten 1919 die deutschen Unterhändler das Diktat der Sieger entgegenzunehmen. Ein fairer Friede war es nicht. Dafür waren die nationalen Leidenschaften noch viel zu stark aufgewühlt. Vor allem Frankreich hatte im Krieg gelitten – es hatte auf alliierter Seite die Hauptlast getragen und verlangte nun Entschädigung und die Gewissheit, dass ihm Deutschland nie wieder gefährlich werden könnte.

Dazu wurden größere Gebiete, u. a. Elsass-Lothringen, Danzig, das Memelland, der „polnische Korridor“ und Ostoberschlesien, vom Reich abgetrennt, Deutschland musste „Reparationen“, das heißt Ersatz der Kriegskosten zahlen, sein Heer und seine Flotte drastisch verkleinern und auf Flugzeuge und schwere Waffen ganz verzichten. Vor allem aber musste es zugeben, der Urheber des Krieges gewesen zu sein.

Gegen das „Schanddiktat“ von Versailles erhob sich in Deutschland ein Entrüstungssturm. Vor allem die „Kriegsschuldlüge“ sorgte für Erregung. Dennoch blieb, da die Siegermächte mit einer Wiederaufnahme der Kampfhandlungen und der Besetzung ganz Deutschlands drohten, nichts übrig, als den Vertrag zu unterzeichnen. Er wurde zu einer schweren Belastung für die Republik, die sich 1919 gründete. Denn radikale Parteien, allen voran Hitlers NSDAP, die auf den Sturz der Republik hinarbeiteten, versprachen, „Versailles“ rückgängig zu machen – und hatten damit viele Deutsche hinter sich.

Am 31. Juli 1919 wurde die erste deutsche Republik gegründet. Die Nationalversammlung tagte in Weimar, da es in der Reichshauptstadt Berlin zu unruhig war.

Unter welchen Belastungen litt die Weimarer Republik?

Die Wahl des Ortes bedeutete aber noch mehr. Berlin stand für das alte, preußisch geführte Kaiserreich, es stand für Militarismus und Weltmachtstreben. Der junge Staat aber wollte *zivil* und friedfertig sein. Da bot sich Weimar, die Stadt Goethes und Schillers mit ihren weit zurückreichenden Traditionen von Geist und Humanität an.

zivil bürgerlich, Gegensatz zu militärisch

Die junge Republik hatte es dennoch schwer: Sie war aus der Niederlage geboren. Der Kaiser hatte sich davongemacht, die Militärs und Politiker, die zum Krieg gedrängt hatten, waren in Deckung gegangen. Jede Reichsregierung, die nach 1919 gewählt wurde, sah sich vor die Frage gestellt, wie sie mit den Folgen des Krieges, mit der ungeheuren Schuldenlast und der wirtschaftlichen Not fertig werden sollte. Da die Siegermächte, allen voran Frankreich, auf Erfüllung der Verpflichtungen aus dem Friedensvertrag drangen, war der Spielraum für die deutsche Politik denkbar klein.

Schlimmer noch: Große Teile des Volkes wollten die Republik überhaupt nicht. Sie verachteten den parlamentarischen Betrieb in der „Quasselbude", wie sie den Reichstag nannten. Sie wollten Deutschlands Niederlage im Weltkrieg nicht wahrhaben, glaubten an Verrat und Verschwörung und wurden so Opfer politischer Rattenfänger, die behaupteten, das Zaubermittel zur Wiederherstellung von Deutschlands Macht und Größe zu haben.

Den Sozialisten und Kommunisten wiederum war die Republik noch längst nicht sozialistisch genug.

Wohin führte die Erfindung des Automobils?

Rund 700 Millionen Kraftfahrzeuge gibt es heute weltweit, 54 Millionen allein in Deutschland. 120 Jahre zuvor konnte man sie noch an einer Hand abzählen.

Vom 28. Februar 1886 ist die Patentschrift des Mannheimer Ingenieurs Carl Benz für seinen dreirädrigen „Motorwagen". Im gleichen Jahr baute Gottlieb Daimler in Cannstatt bei Stuttgart einen von Wilhelm Maybach entwickelten 1,1-PS-Motor in eine hölzerne Pferdekutsche ein. Die qualmenden und stinkenden Gefährte setzten eine folgenschwere Bewegung in Gang. Heute prägt das Automobil das Gesicht der Welt.

Der Automobilbau ist einer der wichtigsten Industriezweige der Gegenwart. Entscheidend für seine Ausbreitung wurde 1913 eine Erfindung des amerikanischen Industriellen Henry Ford. Der hatte im Großschlachthof von Chicago studiert, wie Rinderhälften, an Haken aufgehängt, vor den Arbeitern entlanggezogen wurden, die jeweils nur kurze und immer gleiche Schnitte daran auszuführen hatten.

Ford übertrug diese Erfahrungen auf die Montage von Automobilen in seiner Fabrik. Fahrzeuge wurden nicht mehr auf einem Fleck zusammengebaut, sondern sie entstanden auf einem langen, genau ausgeklügelten Weg, der durch die Fabrikhalle führte – auf einem Fließband an den Arbeitern vorbei, die bestimmte Handgriffe auszuführen oder Einzelteile anzubringen hatten. Dadurch entfielen unproduktive Arbeit und Leerlauf, vor allem das unnötige Suchen und Heranholen von Material und Werkzeug. Für die Herstellung eines Autos wurde so nur noch ein Bruchteil der Zeit gebraucht, die bei der Einzelmontage nötig gewesen war. Das Fließband-Prinzip wurde bald auch bei der Massenfertigung anderer Güter angewandt.

Wie weit reichten die Auswirkungen des Börsenkrachs von 1929?

Als „Schwarzer Freitag“ ging der 25. Oktober 1929 in die Geschichte der Weltwirtschaft ein. An der Börse in der New Yorker Wall Street fielen die Kurse ins Bodenlose.

Man hatte sich in Amerika an ein Leben auf Pump gewöhnt. Es war mit der Wirtschaft nach dem Ersten Weltkrieg steil bergauf gegangen. In den Städten wuchsen die Wolkenkratzer, man leistete sich Autos, Kühlschränke und Radios und ging ins Kino. Zwar hielt der Aufschwung nicht ewig, der Absatz an hochwertigen Verbrauchsgütern ließ nach. Aber das bekamen nur wenige mit. Im Gegenteil wurde jedermann ermuntert, *Aktien* zu kaufen – mit Aktien würde man richtig reich werden. Sogar Leute, die es sich gar nicht leisten konnten, griffen zu. Sie liehen sich Geld, um Aktien zu erwerben, und die Banken gaben es her.

Aktien
Anteilschein am Grundkapital eines Betriebes

Im Herbst 1929 platzte die Blase. Es genügten geringe Kursverluste, um eine gewaltige Panik hervorzurufen. Auf einmal wollten alle ihre Aktien verkaufen. Es fand sich nur niemand, der sie haben wollte. Die Kurse stürzten ab, einzelne Aktien verloren neunzig Prozent ihres Wertes. Wer eben noch meinte, Vermögen zu besitzen, stand im nächsten Moment mit leeren Händen da. Banken krachten zusammen, die industrielle Produktion schrumpfte, da den Fabriken das Kapital fehlte.

Und nicht allein Amerika war betroffen – die Krise hatte Auswirkungen auf fast alle Industrieländer. Auch in Europa mussten Banken schließen und Firmen Konkurs anmelden. Unbegreifliches, noch nie da Gewesenes geschah: Erzeugnisse der Landwirtschaft wurden vernichtet, um die Preise zu halten. Und zu Millionen saßen gut ausgebildete Menschen ohne Arbeit herum.

Was war der Faschismus?

Italien gehörte zu den Siegern des Ersten Weltkrieges. Doch seine Wirtschaft hatte es im Krieg ruiniert. Viele Italiener fühlten sich um die Früchte des Sieges betrogen.

Ihr Sprecher wurde Benito Mussolini, ein Volksschullehrer und ehemaliger Sozialist. Er gründete im März 1919 einen Kampfbund namens „Fasci di combattimento". Der Name ging auf die fasces (Rutenbündel), das altrömische Abzeichen der Staatsgewalt, zurück. Als „Faschismus" wurde die Bewegung international bekannt und nachgeahmt. Mussolini, ein Mann mit einem Talent für öffentliche Auftritte, predigte den starken Staat. Er brandmarkte die Friedensverträge, bei denen Italien zu kurz gekommen sei, und bot Unternehmern und Großgrundbesitzern Hilfe gegen die Enteignungsforderungen der Sozialisten an. Dies machte ihn bei den herrschenden Kreisen hoffähig.

1922 war seine Macht so weit angewachsen, dass er mit seinen schwarz uniformierten Anhängern den „Marsch auf Rom", einen unblutigen Staatsstreich, wagen konnte. Die Regierung dankte ab, Mussolini wurde Ministerpräsident. In wenigen Jahren baute er seine Herrschaft zu einer Diktatur aus. „Credere, obedire, combattere", glauben, gehorchen, kämpfen, hieß die Losung, die er in Massenversammlungen immer wieder ausgab. Mit Eroberungen im Mittelmeerraum und in Afrika (Albanien, Libyen, Äthiopien) wollte er Italien zum Nachfolger des Römischen Reiches machen.

Das Bündnis mit dem deutschen Diktator Hitler wurde Mussolini zum Verhängnis. Im Zweiten Weltkrieg, an der Seite Deutschlands, wurde Italien in dessen Untergang mit hineingerissen. *Partisanen* erschossen Mussolini am 29. April 1945.

Partisan
Untergrundkämpfer

Der deutsche Mussolini hieß Adolf Hitler. Sein Aufstieg vollzog sich ganz ähnlich wie der des italienischen Diktators. Auch er empfahl sich dem verunsicherten Bürgertum als Retter in der Not.

Wie kam Hitler an die Macht?

Aus dem Ersten Weltkrieg heimgekehrt, fand Hitler in München ein kärgliches Unterkommen als Spitzel in den Kasernen der Reichswehr. Dabei bekam er Kontakt zu einer Splittergruppe namens „Deutsche Arbeiter-Partei“ und ließ sich als Werbe-Obmann anheuern. Dank seiner Rednergabe machte er den winzigen Verein bald überall bekannt. Umbenannt in „Nationalsozialistische Deutsche Arbeiterpartei“ (NSDAP), wuchs die Partei bald auf beachtliche Größe an.

Für die Auseinandersetzungen mit politischen Gegnern legte sich die NSDAP eine Privatarmee, die „Sturmabteilung“ (SA), zu und als eine Art Leibwache für Hitler die „Schutzstaffel“ (SS).

Im November 1923 versuchte Hitler einen Staatsstreich und scheiterte kläglich. Sechzehn seiner Anhänger kamen dabei ums Leben. Hitler wurde vor Gericht gestellt, kam aber mit einer geringen Freiheitsstrafe davon. Die Haft benutzte er, um sein politisches Glaubensbekenntnis unter dem Titel „Mein Kampf“ zu Papier zu bringen. Der Kampf gegen das Judentum und ein Eroberungsprogramm, die Gewinnung von „Lebensraum“ für das deutsche Volk, spielen darin die größte Rolle.

Aus der Haft entlassen, änderte Hitler seine Taktik. Kein gewaltsamer Umsturz mehr – der Stimmzettel sollte es bringen. Die Weltwirtschaftskrise von 1929 (siehe Seite 107) half ihm. Sie trieb ihm die verelendeten Massen zu, die sich von der Republik nichts mehr erhofften und nur noch auf den starken Mann setzen wollten. 1930–32 errang die NSDAP spektakuläre Wahlerfolge. Am 30. Januar 1933 gab Reichspräsident von Hindenburg seine Zustimmung zu einer Reichsregierung, die von Hitler als Reichskanzler geführt wurde.

Was bedeutete „Erfassung“ im Dritten Reich?

Die bürgerliche Elite, die Hitler zur Macht verholfen hatte, glaubte, ihn jederzeit auch wieder loswerden zu können. Aber der „Führer“, wie seine Anhänger ihn nannten, belehrte seine Gönner sofort eines Besseren.

Die Nationalsozialisten zerschlugen nicht nur die Organisationen der Arbeiterbewegung, sie machten anschließend auch dem Parlamentarismus ein Ende. Parteien, Länderverwaltungen, Berufsverbände, Jugendorganisationen, kulturelle Einrichtungen – alles wurde auf Linie gebracht. „Gleichschaltung“ nannte man den Vorgang.

Ein riesiger Unterdrückungsapparat entstand. Regimegegner sperrte man in rasch errichtete Konzentrationslager (KZ) ein, die Geheime Staatspolizei (Gestapo) spannte ein Netz der Überwachung übers Land, alle Bürger wurden *erfasst*.

Die so genannte Erfassung begann mit den Zehnjährigen - sie kamen in die Hitlerjugend. Danach wartete der Reichsarbeitsdienst, die Wehrmacht und schließlich eine der vielen Gliederungen der Partei auf sie.

Daneben verteilte das Regime auch Wohltaten. Es konnte von der allgemeinen Erholung der Wirtschaft profitieren und große Arbeitsbeschaffungsprogramme auflegen. Mit Duldung der Siegermächte durfte Hitler die Wehrmacht aufbauen, in der Rüstungsindustrie entstanden zahlreiche neue Arbeitsplätze. Es gab Darlehen für Jungverheiratete und Förderung für kinderreiche Familien. Das Freizeitwerk „Kraft durch Freude“ (KdF) organisierte Kulturveranstaltungen, bot billige Urlaubsreisen und ein Volksauto, den VW-Käfer, an. Die Erfolge in der Sozialpolitik waren nicht wegzuleugnen. Verständlich, dass sich unter den Deutschen Zustimmung zu Hitlers Regime breit machte. Die Schattenseiten übersah man geflissentlich, und dass alles nur dazu diente, das Volk für einen gewaltigen Eroberungskrieg fit zu machen, das bedachte man erst recht nicht.

Welche Ziele standen hinter Hitlers Außenpolitik?

Hitler hatte immer wieder das Unrecht angeprangert, das Deutschland mit dem Versailler Vertrag angetan worden war. Mittlerweile waren auch die Siegermächte bereit, das Deutsche Reich nicht länger büßen zu lassen.

Hitlers Diktatur war den Politikern im demokratischen Europa nicht sympathisch. Aber sie sorgte dafür, dass Deutschland nicht kommunistisch wurde, und das genügte ihnen. In England gab man die Parole „Appeasement" (Beschwichtigung) aus: Lasst Hitler machen. So gab es kaum Widerstand, als Hitler 1935–1938 daranging, den Versailler Vertrag rückgängig zu machen. Er führte die Wehrpflicht wieder ein, holte das Saargebiet in einer Volksabstimmung „heim ins Reich" und ließ Truppen ins entmilitarisierte Rheinland einmarschieren. Er zwang die österreichische Regierung zum Rücktritt, schloss das Nachbarland als „Ostmark" ans Deutsche Reich an und erreichte auf der Münchener Konferenz 1938, dass die Tschechoslowakei auf das Sudetenland verzichtete.

Im März 1939 rückten deutsche Truppen in Prag ein. Das hatte mit „Versailles" nichts mehr zu tun; jetzt wurden Gebiete besetzt, die nicht zu Deutschland gehört hatten. Dahinter stand Hitlers Programm einer Gewinnung von Lebensraum im Osten. Er hatte es in seinem Buch „Mein Kampf" dargelegt, aber kaum einer hatte davon Kenntnis genommen. Sein nächstes Ziel war Polen. Doch nun wachte die europäische Politik endlich auf. Polen erhielt Beistandsgarantien im Falle eines deutschen Angriffs. Hitler kümmerte sich nicht darum. Er gab den Befehl zum Einmarsch. In den Morgenstunden des 1. September 1939 begann der Krieg gegen Polen.

Welchen Verlauf nahm der Zweite Weltkrieg?

Hitler glaubte nicht, dass ihn jemand bei seinem Überfall auf Polen stören könnte. Die Demokratien im Westen würden bestimmt stillhalten. Und Stalin hatte er sich sogar als Bundesgenossen gesichert.

Aber England und Frankreich hielten nicht still. Am 3. September 1939 erklärten sie dem Deutschen Reich den Krieg. Zwar unternahmen sie außer einer Blockade der Schifffahrtswege vorerst nichts, aber auf Hitlers „Friedensangebote" reagierten sie auch nicht. So ging Hitler daran, Europa seine eigene Friedensordnung aufzuzwingen. Dem Feldzug gegen Polen folgten weitere „Blitzkriege" gegen Norwegen und Dänemark, Frankreich, Jugoslawien und Griechenland.

Den ersten Fehlschlag gab es in der Luftschlacht um England. Der deutschen Luftwaffe gelang es nicht, die britische zu besiegen, auch der Bombenkrieg gegen britische Städte vermochte die Moral der Bevölkerung nicht zu erschüttern. Hitler sah unter diesen Umständen von einer Landung auf den Britischen Inseln ab und wandte sich dem Angriff auf die Sowjetunion zu, den er schon immer vorgehabt hatte – das Bündnis mit Stalin war nur kurzfristig geplant gewesen. Er sah im Zug nach Osten die „heilige Mission" seines Lebens.

Im Juni 1941 setzte sich die größte jemals versammelte Streitmacht in Bewegung. Der deutsche Angriff kam im Winter kurz vor Moskau zum Erliegen. Es ging an dieser Front nicht mehr weiter, und auch alle Versuche danach, in Richtung Kaukasus vorzustoßen, blieben letztlich erfolglos. Im Dezember 1941 traten die Vereinigten Staaten in den Krieg ein. Aus dem europäischen Konflikt wurde ein Weltkrieg. Es half dem Deutschen Reich nicht, dass gleichzeitig Japan den Krieg gegen die

Um den Partner Mussolini beim Vormarsch auf Ägypten zu unterstützen, setzten deutsche Truppen auch nach Nordafrika über.

Hitler schwebte vor, in der Sowjetunion Siedlungsraum für deutsche Bauern zu erwerben, wozu die dort lebenden slawischen Völker nach Sibirien vertrieben werden sollten.

An dem Feldzug in die Sowjetunion 1941 waren drei Millionen Mann mit 3 580 Panzern und 1 945 Flugzeugen beteiligt.

USA eröffnete. Die Amerikaner mobilisierten Armeen sowie Luft- und Marinestreitkräfte in einer Größenordnung, die der der Gegner weit überlegen war.

Hatte Deutschland mit seinen Verbündeten noch 1942 über fast ganz Europa geherrscht, so kam nun die Zeit, da es zurückweichen musste. 1943 ging Nordafrika verloren, 1944 landeten die Alliierten in der Normandie, im Herbst dieses Jahres standen die ersten feindlichen Truppen auf deutschem Boden. Die deutschen Städte versanken im Bombenhagel. An die Bevölkerung ergingen Durchhaltebefehle – um jeden Fußbreit Boden sollte gekämpft werden. In der letzten Phase des Krieges wurden alte Männer und halbwüchsige Jungen aufgeboten, um die Alliierten aufzuhalten, und die Justiz verfolgte jeden, der Widerstand leistete. Währenddessen verkündete die *Propaganda*maschine des Dritten Reiches, von Joseph Goebbels geleitet, unverdrossen die unmittelbar bevorstehende Kriegswende und gaukelte den erschöpften Menschen vor, bald kämen noch nie da gewesene „Wunderwaffen" zum Einsatz.

Propaganda
(meist aggressive) Werbung für bestimmte politische Ziele

Im zerstörten Berlin von sowjetischen Truppen eingeschlossen, beging Hitler am 30. April 1945 Selbstmord. Seine Mitarbeiter unterschrieben am 7. und 8. Mai die Kapitulation.

Straße in Berlin nach einem Bombenangriff im April 1945

Was war der Holocaust?

Judenfeindschaft hatte es in Europa schon früher gegeben. Nach kirchlicher Überlieferung galten die Juden als Mörder Jesu Christi. Auch die Schuld an der Pest schob man ihnen zu.

Die Nationalsozialisten stellten die Abneigung gegen die Juden auf ein (wie sie meinten) „wissenschaftliches" Fundament: die Rasse. Für sie war ausgemacht, dass es sich bei den Juden um eine besondere Menschenrasse handele, die gar nicht anders könne, als zerstörerisch zu wirken. Das waren Hirngespinste, aber sie entfalteten eine mörderische Wirksamkeit.

Sofort nach Hitlers Machtergreifung im Januar 1933 begannen Maßnahmen gegen die Juden. Sie wurden aus ihren Berufen gedrängt, verloren ihren Besitz und lebten bald als Entrechtete und Geächtete am Rande der Gesellschaft. Mit dem Krieg verschärfte sich die Lage. Den Juden wurde angelastet, die Westmächte zur Kriegserklärung an das Deutsche Reich aufgehetzt zu haben. Die Eroberungen im Osten gaben Gelegenheit, ein Ausrottungsprogramm riesenhaften Ausmaßes in Gang zu setzen, den Holocaust. Die Nationalsozialisten nannten diesen Völkermord verharmlosend „Endlösung der Judenfrage".

Den nach Russland einmarschierenden Armeen folgten so genannte Einsatzgruppen der SS, die Jagd auf die russischen Juden machten. Dabei wurden rund 900 000 Juden erschossen. Im besetzten Polen wurden Vernichtungslager eingerichtet (als größtes das Lager Auschwitz), in die man Juden aus dem Deutschen Reich und aus dem übrigen deutschen Machtbereich schaffte und hauptsächlich in Gaskammern tötete. Es wird geschätzt, dass etwa sechs Millionen Juden Opfer des nationalsozialistischen Rassenwahns wurden.

Während in Europa ab dem 8. Mai 1945 die Waffen schwiegen, wurde der Krieg im Fernen Osten noch immer fortgesetzt. Japan war nicht bereit, seine Niederlage einzugestehen.

Wo fielen die ersten Atombomben?

Am 7. Dezember 1941 war Japan mit dem Überfall auf den US-Marinestützpunkt Pearl Harbor in den Zweiten Weltkrieg eingetreten und hatte danach weite Gebiete Südostasiens und der pazifischen Inselwelt unter seine Kontrolle gebracht. Doch nach der Niederlage in der See-Luftschlacht von Midway (4. Juni 1942) ging es mit der japanischen Macht wieder bergab.

Quer durch den Pazifik trieben die Amerikaner den japanischen Gegner vor sich her: „Inselspringen“ nannten die US-Militärs die blutigen Kämpfe. Sie wurden immer blutiger, je näher der Krieg dem japanischen Mutterland kam. Bei der Eroberung der kleinen Insel Okinawa, nur knapp 600 Kilometer von der japanischen Hauptinsel Kiushu entfernt, kamen im Frühjahr 1945 über 7 600 Amerikaner ums Leben, und mehr als 30 000 wurden verwundet. Bei einer Landung in Japan selbst waren weit höhere Verluste zu befürchten. Deswegen begrüßten es die Militärs, als eine neue Waffe zum Einsatz kam, die ihnen weitere Landkämpfe ersparte: die Atombombe. Seit 1942 war in den USA mit Hochdruck an dem Projekt gearbeitet worden, 2,5 Milliarden Dollar wurden dafür ausgegeben. Am 16. Juli 1945 fand in Alamogordo (New Mexico) der erste Test statt. Ihm folgten Abwürfe der Bombe auf Hiroshima (6. August, ca. 90 000 Tote) und Nagasaki (9. August, ca. 35 000 Tote). Angesichts der Zerstörungskraft der neuen Waffe gab die japanische Führung den Kampf auf. Am 2. September 1945 war der Zweite Weltkrieg auch im Fernen Osten beendet.

Was wurde im Potsdamer Abkommen geregelt?

Was tun mit Deutschland? Es lag 1945 in Trümmern, hatte keine eigene Regierung und sollte auch vorerst keine haben. Es war nicht einmal gesichert, ob Deutschland als Staat weiterbestehen könnte.

Das Potsdamer Abkommen stand unter dem Zeichen der Vorläufigkeit. Und doch blieben die von den „Großen Drei" getroffenen Abmachungen jahrzehntelang unumstößlich.

Vom 17. Juli bis zum 2. August 1945 berieten die Regierungschefs der Sowjetunion (Stalin), der USA (Roosevelt) und Großbritanniens (zunächst Churchill, dann Attlee) in Potsdam über die Schaffung einer vorläufigen Ordnung in Europa. Das dort beschlossene „Potsdamer Abkommen" war kein Friedensvertrag. Folgende Absprachen wurden getroffen: Die Siegermächte verständigten sich auf eine Abrüstung Deutschlands, Bestrafung der Kriegsverbrecher, Entfernung aller NSDAP-Mitglieder aus öffentlichen Ämtern und eine „Umerziehung" („re-education") des Volkes zur Demokratie. Deutschland sollte sich auf Landwirtschaft beschränken, große Teile seiner Industrie abliefern („Demontage") und Ersatz für die von ihm angerichteten Kriegsschäden leisten.

Das Reichsgebiet wurde drastisch verkleinert, Hitlers „Erwerbungen" weit gehend rückgängig gemacht. Den Staaten Osteuropas wurde gestattet, deutsche Minderheiten „umzusiedeln" – was in der Vertreibung von 12 Millionen Deutschen u. a. aus Polen, der Tschechoslowakei und Ungarn endete.

Die Hauptstadt Berlin wurde noch einmal extra in vier Besatzungszonen aufgeteilt.

Deutschland wurde in vier Besatzungszonen aufgeteilt; neben der Sowjetunion, USA und Großbritannien erhielt auch Frankreich eine Zone. Nach wie vor aber sollte Deutschland als wirtschaftliche Einheit betrachtet und gemeinsam verwaltet werden. Da sich aber ein starker Gegensatz zwischen der westlichen Welt und der Sowjetunion entwickelte, zerbrach die Gemeinsamkeit sehr schnell (siehe Seite 119).

Wie wurde China kommunistisch?

China war seit 1911 eine Republik. Aber diese Republik stand auf schwachen Füßen. Generäle der chinesischen Armee („Warlords") versuchten, sich Herrschaftsgebiete zu sichern.

Die staatstragende Nationalpartei („Kuomintang") hatte große Mühe, sich gegen die regionalen Militärführer zu behaupten. Dazu wuchs in ihrem Inneren auch noch eine Gruppierung mit anderen Zielen heran. Das waren die Kommunisten, die 1921 in Schanghai die KP (Kommunistische Partei) Chinas gegründet hatten und einzeln in die Nationalpartei eintraten, um sie zu unterwandern. Die Gegensätze brachen bald offen aus. 1927 veranstaltete der Führer der Kuomintang, Chiang Kai-shek, in Schanghai und Nanking blutige Massaker unter den Kommunisten. Diese zogen sich aus den Städten aufs Land in die Region Jiangxi zurück. Als sie auch dort von den Truppen Chiang Kai-sheks bedrängt wurden, wichen sie 1934/35 im berühmten „Langen Marsch" über 12 000 Kilometer nach Shanxi im Norden aus. In dieser Zeit setzte sich Mao Zedong als ihr unbestrittener Führer durch.

Den so genannten „Langen Marsch" traten die Kommunisten mit 90 000 Mann an, am Ende zählten sie noch 7 000.

Von 1937 bis 1945 ruhte der Kampf zwischen der Kuomintang und der KP China, da Japan das Land besetzt hatte und Nationalisten wie Kommunisten gemeinsam den Partisanenkrieg organisierten. Nach 1945 aber begann der Bürgerkrieg sofort wieder. Zwar wurde Chiang Kai-shek von den Amerikanern unterstützt, aber Maos Bewegung besaß den größeren Rückhalt im Volk. Sie gewann schließlich die Oberhand. Die Nationalisten zogen sich nach Taiwan zurück. Das Festland gehörte den Kommunisten, die am 1. Oktober 1949 die Volksrepublik China ausriefen.

Wie endete der Kolonialismus?

Schon im Ersten Weltkrieg waren die Kolonien Kriegsschauplätze gewesen - aus vielen Kolonien waren zudem Soldaten nach Europa verfrachtet worden, um dort für ihre Kolonialherren zu kämpfen.

Auch im Zweiten Weltkrieg war das der Fall: Indien, Südafrika, Algerien und andere Länder stellten Truppen, die auf englischer oder französischer Seite in die Schlacht zogen, und in Südostasien wurden durch das japanische Ausgreifen die französische, niederländische und englische Kolonien zum Kriegsgebiet.

Das alles gab den Befreiungsbewegungen Auftrieb. Überall forderten die Einheimischen ein Ende des Kolonialismus. In vielen Fällen regelten die Kolonialmächte die Machtübergabe friedlich. Ghana in Westafrika, als „Goldküste“ frühere britische Kolonie, ist dafür ein Beispiel. Nach gründlicher Vorbereitung erhielt es 1957 die Unabhängigkeit. Woanders vollzog sich die Ablösung gewaltsam – die Kolonialmächte ließen sich auf kostspielige, blutige *Guerilla*kriege ein, so die Niederländer in Indonesien (1942–1948), die Briten in Malaysia (1948–1954) und in Kenia (1952–1954), die Franzosen in Indochina (1946–1954) und in Algerien (1954–1958), die Portugiesen in Angola (1961–1975). Am Ende standen aber immer der Rückzug der Europäer und die Gründung unabhängiger Staaten.

Guerilla
Krieg mit bewaffneten Gruppen Einheimischer

Diese hatten dann oft genug mit Problemen zu kämpfen, die aus der Kolonialzeit herrührten. Die weißen Herren hatten Grenzen gezogen, wie sie für sie nützlich gewesen waren, und auf Stammeszugehörigkeiten oder religiöse Unterschiede wenig Rücksicht genommen. So kam es vielfach zu neuen Kämpfen in den ehemaligen Kolonien, nun Volk gegen Volk oder Religion gegen Religion.

Was war der Eiserne Vorhang?

Im Zweiten Weltkrieg waren die Sowjets bis an die Elbe gelangt. Osteuropa war von der Roten Armee besetzt. Und der Sowjetherrscher Stalin dachte nicht daran, seine Truppen zurückzuziehen.

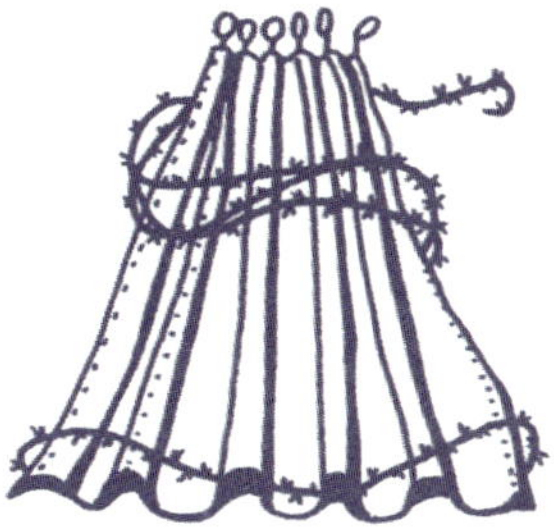

In Polen, Ungarn, Rumänien und anderen Staaten Ost- und Südosteuropas sorgten die Sowjets nach 1945 dafür, dass Kommunisten ans Ruder kamen. Auch in der sowjetischen Besatzungszone in Deutschland war das der Fall. Die kommunistischen Regierungen richteten ihre Staaten wirtschaftlich, politisch und kulturell ganz und gar in Richtung auf die Sowjetunion aus. Und es bestand die Möglichkeit, dass diese Entwicklung weitergehen könnte und es in Italien oder Griechenland einen kommunistischen Umsturz geben würde.

Die westlichen Mächte, vor allem Amerika, waren nicht bereit, das zu dulden. Sie schlossen sich 1949 zu einer Verteidigungsgemeinschaft, der NATO (North Atlantic Treaty Organization), zusammen. Die Sowjets antworteten 1955 mit der Gründung des Warschauer Paktes. Ein „Eiserner Vorhang" ging zwischen Ost und West nieder.

In Deutschland zeigte sich der „Eiserne Vorhang" an der Grenze zwischen BRD und DDR, die mit Stacheldraht und Minenfeldern gesichert wurde.

Der Ost-West-Gegensatz wurde nicht nur in Europa ausgetragen – auch in der übrigen Welt gab es Brennpunkte. So unterstützten die Sowjets Befreiungsbewegungen mancher Länder gegen die alten Kolonialmächte in der Hoffnung, anschließend dort kommunistische Regime einrichten zu können. Der „Kalte Krieg", wie man die Epoche nennt, drohte mehrfach in einen heißen Krieg, womöglich einen Weltkrieg umzuschlagen, etwa während des Koreakrieges (1950–1953), beim britisch-französischen Angriff auf Ägypten (1956) oder in der Kubakrise (1961).

Wie kam es zur deutschen Teilung?

Im Alliierten Kontrollrat wollten die Vereinigten Staaten, Großbritannien und Frankreich gemeinsam mit der Sowjetunion das besetzte Deutschland verwalten. Daraus wurde nichts.

In der sowjetisch besetzten Zone wurde der private Großgrundbesitz enteignet, die Sozialdemokraten mussten sich mit den Kommunisten zur SED (Sozialistische Einheitspartei Deutschlands) zusammenschließen, linientreue Kommunisten besetzten die höheren Stellen bei der Polizei. In den drei westlichen Zonen dagegen versuchte man, eine freie Wirtschaft und Demokratie nach britischem oder amerikanischem Vorbild einzurichten. Die Westzonen rückten rasch zusammen und schotteten sich gegen den Osten ab. Im Alliierten Kontrollrat brach die gemeinsame Arbeit zusammen.

Die Teilung Deutschlands wurde offensichtlich, als der Westen 1948 im Alleingang eine Währungsreform durchführte und die D-Mark einführte.

1949 schlossen sich die Westzonen zur Bundesrepublik zusammen. Aus der sowjetisch besetzten Zone wurde die DDR.

In der Bundesrepublik erreichte Bundeskanzler Adenauer die Aussöhnung mit dem „Erbfeind" Frankreich und die Einbindung des Landes in die Sicherheitssysteme des Westens – allerdings vertiefte sich die Spaltung Deutschlands dadurch.

Wirtschaftsminister Ludwig Erhard bescherte mit seinem Konzept der sozialen Marktwirtschaft der BRD einen beispiellosen Aufschwung, das „Wirtschaftswunder".

Die DDR entwickelte sich unter Führung des SED-Generalsekretärs Walter Ulbricht zum treuesten Verbündeten der Sowjetunion. Eine Planwirtschaft wurde eingeführt: die Landwirtschaft zwangskollektiviert, die Industrie verstaatlicht. Den Arbeiteraufstand vom 17. Juni 1953, der sich gegen die von der Regierung festgesetzten Leistungsvorgaben richtete, schlug die sowjetische Besatzungsmacht nieder. Der Flüchtlingsstrom nach Westen, der die DDR auszuzehren drohte, wurde 1961 durch den Bau der Berliner Mauer gekappt.

Auf welche Weise kam die europäische Einigung in Gang?

Nie wieder Krieg in Europa - das war die Lehre, die man aus der europäischen Geschichte, vor allem aus dem Ersten und dem Zweiten Weltkrieg, zog. Nur: Wie sollte man das anfangen?

Es würde schwer sein, ein politisch einiges Europa zu schaffen. Zu viel Misstrauen und nationaler Egoismus wirkten da noch. Eine wirtschaftliche Einigkeit schien leichter herzustellen. Und war die gefestigt, konnte die politische folgen.

So bemühten sich Europas Staatsmänner nach Gründung des Europarates (1949), die Grenzen aufzuheben, die einer gemeinsamen Wirtschaft im Wege waren. 1951 gründeten Frankreich, Belgien, Niederlande, Luxemburg, Italien und die Bundesrepublik die Europäische Gemeinschaft für Kohle und Stahl, auch Montanunion genannt. Sie funktionierte so gut, dass danach ein gemeinsamer Markt für die Erzeugnisse der Sechsergemeinschaft geschaffen werden konnte. Die Europäische Wirtschaftsgemeinschaft (EWG) wurde 1957 in Rom aus der Taufe gehoben. Sie beseitigte die Binnenzölle, erleichterte den Austausch von Personen, Dienstleistungen und Kapital und organisierte eine gemeinsame Landwirtschaftspolitik.

Die EWG wirkte als Magnet auf die übrigen europäischen Staaten, immer mehr schlossen sich ihr an. 1986 zählte sie zwölf Vollmitglieder und zahlreiche „assoziierte" Mitglieder in Afrika und Übersee. Die 1994 gegründete Europäische Union (EU) mit ihren inzwischen 25 Mitgliedern ist nicht mehr nur eine wirtschaftliche Vereinigung, sondern mit ihren vielen Institutionen, u. a. dem Europaparlament, dem Europäischen Gerichtshof und der Europäischen Kommission als „Regierung", bereits politisch geprägt.

Auf welchen Vorläufern baut der Computer auf?

Mit dem Computer gehen wir heute wie selbstverständlich um. Dabei ist es gerade mal vier Jahrzehnte her, dass die ersten Tischgeräte entwickelt wurden. Bis dahin war es ein langer Weg.

Im Altertum hatten die Römer den Abakus erfunden: ein Holzrahmen mit Kugeln, der das Rechnen erleichtern sollte. Der Franzose Pascal und der Deutsche Leibniz konstruierten im 17. Jahrhundert Rechenmaschinen, die mithilfe von Zahnrädern arbeiteten.

binär
aus zwei Teilen bestehend

Einen großen Schritt voran bedeutete die Erfindung der Lochkarte durch den Franzosen Jacquard um 1800. Sie nutzte den so genannten *binären* Code: Loch = ja = 1; kein Loch = nein = 0. Der Deutschamerikaner Hermann Hollerith wendete die Lochkarte in Zähl- und Sortiermaschinen an; bei der amerikanischen Volkszählung von 1890 erlebte die Lochkarte ihre Premiere. Entsprechend codiert konnte sie auch Texte verarbeiten, deren Zeichen in Zahlen umgewandelt waren.

Noch waren es Geräte auf mechanischer Grundlage. Das galt auch für den programmgesteuerten Rechner „Z3“, den der deutsche Erfinder Konrad Zuse 1941 präsentierte. Erst in den folgenden Jahren ging die Entwicklung hin zu elektromechanischen und schließlich elektronischen Bauteilen. 1948 wurde der erste Transistor eingebaut, die Geräte, zuvor tonnenschwere Schränke, konnten nun kleiner und zugleich schneller werden. Die Firma Bell Punch Company stellte 1963 den ersten Tischcomputer vor. Und Mitte der 1970er-Jahre brachte die Einführung des Chips, eines winzigen Siliziumscheibchens, das eine Fülle miniaturisierter Bauteile enthielt, den endgültigen Durchbruch.

Die amerikanische „Domino-Theorie“ besagte: Wenn in Südostasien ein Staat kommunistisch wird, dann fallen die Nachbarstaaten wie Dominosteine um und werden auch kommunistisch.

Warum beteiligten sich die USA am Vietnamkrieg?

Deshalb unterstützten die USA die Franzosen in Vietnam, solange die hier um ihr Kolonialreich kämpften, und übernahmen nach deren Niederlage und Rückzug den weiteren Abwehrkampf gegen den Kommunismus. Der hatte im mittlerweile abgetrennten Norden Vietnams die Macht übernommen, angeführt von Ho Chi Minh, und Partisanen aus dem Norden sickerten nach 1960 verstärkt in den Süden ein, wo der Diktator Ngo Dinh Diem regierte. Diems Regime war *korrupt* und gewalttätig, aber die Amerikaner stützten ihn, und als er 1963 ermordet wurde, stützten sie seine Nachfolger. Die US-Luftwaffe trug den Krieg nach Nordvietnam – mit Flächenbombardements wurde das Land verwüstet. Doch die Kommunisten gaben nicht auf.

korrupt
bestechlich

Über eine halbe Million amerikanische Soldaten kämpften in Vietnam.

Je länger der Krieg dauerte, desto unpopulärer wurde er in Amerika. Dazu trug bei, dass Kriegsverbrechen bekannt wurden, die US-Truppen beim Kampf gegen die Partisanen begingen, etwa das Massaker von My Lai, bei dem Frauen und Kinder ermordet wurden. Auch in Europa regte sich Widerstand. Man ergriff öffentlich Partei für das kleine tapfere Volk, das sich erfolgreich gegen die hochgerüsteten „Imperialisten“ wehrte. Ho Chi Minh wurde zum Idol der Studentenbewegung.

Nach 1969 leiteten die USA ihren Rückzug aus Vietnam ein. Südvietnams Regierung löste sich auf, das Land wurde unter Führung des Nordens wiedervereinigt. 55 000 Amerikaner hatten in dem sinnlosen Krieg ihr Leben gelassen.

Wie begann der Wettlauf ins All?

Satelliten sind heute nichts Besonderes mehr. Zu hunderten sausen sie, von Trägerraketen hinaufbefördert, durch den Weltraum, übermitteln ihre Daten zur Erde und ermöglichen modernes Telefonieren und Fernsehempfang.

Aber als sich der erste aus dem All meldete, war das eine Sensation. Am 5. Oktober 1957 konnten Amateurfunker aus ihren Geräten Piepgeräusche vernehmen, die von einem Satelliten stammten. Das Ungeheuerliche daran war, dass nicht die Amerikaner, die doch sonst den technischen Fortschritt anführen, ihn hinaufgeschossen hatten, sondern die Sowjets. „Sputnik" hieß der Satellit, auf Deutsch „Gefährte", eine Kugel mit einem Durchmesser von einem halben Meter und vier langen Sendeantennen. Um ihren Triumph vollständig zu machen, starteten die Sowjets einen Monat später den ersten Satelliten mit einem Lebewesen an Bord, der Hündin „Laika", die nach einer Woche starb.

Für die Amerikaner bedeutete das eine Demütigung. Es war schon schlimm, dass die Sowjets 1949, vier Jahre nach Hiroshima, ihre erste eigene Atombombe gezündet hatten. Und in der Raumfahrt sollten sie sogar einen Schritt voraus sein?

Ein Wettlauf ins All begann, in dem die Vereinigten Staaten dank des Einsatzes unbeschränkter finanzieller Mittel bald wieder die Führung hatten. 1958 gelangen die ersten Satellitenstarts. Elf Jahre später glückte der Mission Apollo 11 die Mondlandung. Es war der US-Astronaut Neil Armstrong, der am 21. Juli 1969 als erster Mensch den Mond betrat und den denkwürdigen Ausspruch tat: „Das ist ein kleiner Schritt für einen Mann, aber ein großer Sprung vorwärts für die Menschheit."

Mitte der 1980er-Jahre war klar, dass das Riesenreich der Sowjetunion eine Radikalkur brauchte, wenn es den wirtschaftlichen und gesellschaftlichen Herausforderungen der kommenden Jahre gewachsen sein wollte.

Was wollte Michail Gorbatschow?

Von den bisherigen Machthabern, zuletzt nur noch alte, kranke Männer, war die Erneuerung nicht zu erwarten gewesen. Doch 1985 kam der erst 54-jährige Michail Gorbatschow ins Amt des Generalsekretärs der Kommunistischen Partei, 1988 übernahm er auch das Präsidentenamt in der aus fünfzehn Republiken bestehenden Sowjetunion.

Sein Reformprogramm beschrieb er in zwei Begriffen: „Glasnost" (Offenheit) stand für Kritik und Meinungsvielfalt, „Perestroika" (Umbau) für eine Umgestaltung des verknöcherten Staatsapparates. Beides zusammen sollte die Reformkräfte freisetzen und die wirtschaftliche Gesundung der Sowjetunion einleiten. Die Kommunistische Partei verzichtete auf ihren Führungsanspruch, die Planwirtschaft wurde aufgegeben, ausländische Firmen durften Partnerschaften mit sowjetischen eingehen. Moskaus Macht wurde geringer, die „sozialistischen Bruderstaaten" Ungarn, Tschechoslowakei, Polen usw. nutzten das, um sich aus der Abhängigkeit zu befreien.

Die Verteidigungsgemeinschaft des Warschauer Paktes löste sich 1990 auf.

Dann forderten auch die baltischen Staaten ihre Selbstständigkeit. Das konnte Gorbatschow nicht verhindern. 1991 putschten Militärs und Geheimdienstleute gegen ihn. Zwar brach der Putsch bald zusammen, aber Gorbatschow hatte nichts davon: Boris Jelzin, der russische Präsident, nahm das Heft in die Hand. Russland als die größte der ehemaligen Teilrepubliken wurde zum Erben des Sowjetreiches.

Wie vollzog sich Deutschlands Wiedervereinigung?

Die Führung der DDR glaubte sich fest im Sattel. Noch im Oktober 1989 feierte sie mit Militärparaden den 40. Geburtstag des „ersten deutschen Arbeiter- und Bauernstaates". Dabei standen die Zeichen längst auf Sturm.

Über Warschau und Prag war seit dem Sommer 1989 eine Massenflucht der DDR-Bürger im Gang. In den Städten der Republik versammelten sich die Menschen und riefen den Machthabern zu: „Wir sind das Volk!" Die Auflösung des Ostblocks (siehe Seite 125) machte vor der DDR nicht Halt. Michail Gorbatschow mahnte: „Wer zu spät kommt, den bestraft das Leben." Aber der Staatsratsvorsitzende Honecker und seine Mitarbeiter hörten nicht darauf.

Das Ende kam auf eine Weise, die niemand vorhergesehen hatte. Dem SED-Politbüromitglied Günter Schabowski rutschte in einem Interview am 9. November eine Formulierung heraus, die man dahin verstehen konnte, dass die Grenze nach Westen offen sei. In Ostberlin setzte sich daraufhin eine Menschenmenge in Richtung Mauer in Bewegung. Die Grenzer konnten nicht anders, als tatsächlich einen Durchgang zu öffnen. In den nächsten Tagen folgten Millionen DDR-Bürger.

Das SED-Regime brach zusammen. Die Vereinigung der beiden deutschen Staaten vollzog sich innerhalb eines Jahres. Ihre Stationen: 18. März 1990 erste freie Volkskammerwahl, 1. Juli Wirtschafts-, Währungs- und Sozialunion, 12. September *„Zwei-plus-Vier-Verträge"* mit den Siegermächten des Zweiten Weltkrieges. Am 3. Oktober vollendete der Beitritt der neuen Bundesländer Mecklenburg-Vorpommern, Brandenburg, Sachsen-Anhalt, Thüringen und Sachsen die deutsche Einheit.

Zwei-plus-Vier-Verträge
Der Name bezieht sich auf die Vertragspartner: die zwei deutschen Staaten und die vier Besatzungsmächte USA, Großbritannien, Frankreich und Russland.

Wie kam es zum Bürgerkrieg auf dem Balkan?

Mochte die Auflösung des Ostblocks den Staaten Mittel- und Osteuropas Segen bringen - auf dem Balkan öffnete sie das Tor zur Hölle. Uralte Feindschaften brachen wieder auf, es begann eine blutige Zeit auf dem Balkan.

In Jugoslawien hatte der Kommunist und alte Partisanenhäuptling Tito bis zu seinem Tod 1980 mit eiserner Faust regiert. Seinen Nachfolgern gelang das schon nicht mehr so gut. 1991 machten sich die Teilrepubliken Slowenien, Kroatien und Bosnien-Herzegowina selbstständig. Dagegen schritt Serbien ein –sowohl im Namen Gesamtjugoslawiens, als auch um die serbischen Minderheiten vor allem in Kroatien und Bosnien zu schützen. Die Lage war unübersichtlich: Jugoslawien war nicht bloß ein Vielvölkerstaat, die Völker wohnten auch noch durcheinander, ihre Siedlungsgebiete verteilten sich wie auf einem Flickenteppich.

Es kam zum Bürgerkrieg mit Massakern und „ethnischen Säuberungen", das heißt der Vertreibung unerwünschter Volksgruppen. Alte Rechnungen aus dem Zweiten Weltkrieg wurden beglichen. Erst 1995 machte das Eingreifen der Vereinigten Staaten dem Morden ein Ende. Im Vertrag von Dayton musste Serbien die Unabhängigkeit seiner Nachbarn anerkennen.

Ein zweiter Krieg auf dem Balkan brach wegen der zu Serbien gehörenden, aber zum größten Teil von Albanern bewohnten Provinz Kosovo aus. Serbien wollte den Kosovaren keine Selbstverwaltung mehr zugestehen. 1999 zwangen Luftangriffe der NATO die Serben, ihre Truppen aus dem Kosovo zurückzuziehen, die Provinz wurde unter Verwaltung der UN (United Nations = Vereinte Nationen) gestellt.

Was geschah am 11. September 2001?

Flugzeugentführungen hatte es schon oft gegeben. In den 1970er-Jahren waren sie ein Mittel der Palästinenser, um die Weltöffentlichkeit auf die Besetzung ihres Landes durch Israel aufmerksam zu machen.

Entführer nahmen Flugpassagiere als Geiseln. Sie gingen davon aus, dass deren Leben einem Staat etwas wert sei und man ihn damit erpressen könnte. Die Flugzeugentführer vom 11. September 2001 aber hatten anderes vor. Sie kaperten vier amerikanische Flugzeuge ausschließlich zu dem Zweck, sie als fliegende Bomben zu benutzen. Eines erreichte sein Ziel nicht und zerschellte am Boden, eines traf das US-Verteidigungsministerium, die beiden anderen aber flogen in das World Trade Center in New York und brachten es zum Einsturz.

Über 3 000 Menschen kamen bei den Attentaten am 11. September 2001 ums Leben.

Die Selbstmordattentate hatten weltpolitisch die allergrößten Folgen. Die Vereinigten Staaten eröffneten den Kampf gegen den Terror. Die Todesflieger gehörten zur muslimischen Organisation Al-Qaida, die unter Führung des aus Saudi-Arabien stammenden Osama bin Laden in Afghanistan Trainingslager unterhielt. Vom dort herrschenden diktatorischen Taliban-Regime forderten die USA die Auslieferung Bin Ladens, und als diese nicht erfolgte, besetzten sie gemeinsam mit afghanischen „Warlords" das Land, ohne allerdings Bin Laden zu finden.

In Afghanistan fanden im Januar 2005 zum ersten Mal seit langer Zeit freie Wahlen statt.

Als Nächstes kam Iraks Diktator Saddam Hussein ins Visier der USA. Er wurde beschuldigt, Verbindung zu Al-Qaida zu haben und Massenvernichtungswaffen zu entwickeln. Im März 2003 starteten Amerikaner und Briten eine militärische Offensive, die im April mit der Kapitulation des Irak endete. Der Diktator wurde Ende 2003 festgenommen.

Lange Zeit schien es, als könnte der Mensch sich ungehindert über die Erde ausbreiten und als würde kein Schaden dabei entstehen, wenn er sich alles untertan machte, was mit ihm auf dem Planeten lebte.

Wer schützt die bedrohte Umwelt?

Erst in den letzten Jahrzehnten schärfte sich der Blick auf die Auswirkungen des ungehemmten Fortschritts. 1972 veröffentlichte der Club of Rome, eine Verbindung von Wissenschaftlern und Industriellen, seine Untersuchungen zur Lage der Menschheit unter dem Titel: „Die Grenzen des Wachstums". Ihre Botschaft: Die Rohstoffreserven sind irgendwann erschöpft, nicht ewig lässt sich aus dem Vollen wirtschaften, die Wunden, die der Mensch der Erde zufügt, können tödlich sein.

In den Industrienationen wurde sie weitergetragen von Umweltgruppen wie Greenpeace. Es kam zur Gründung von Parteien, die das Thema „Ökologie" an die erste Stelle setzten. In Deutschland sind das seit 1980 die Grünen. Gleichzeitig machten Katastrophen wie der Reaktorunfall von Tschernobyl (1986) deutlich, wie weit sich die Menschen z. B. mit der Nutzung der Kernenergie bereits Risiken aufgeladen hatten, die auch künftige Generationen noch belasten würden.

Die Kette von Horrormeldungen über Umweltzerstörungen in aller Welt ist seitdem nicht abgerissen. Immerhin wird Umweltschutz inzwischen als ein Problem begriffen, das nicht nur den Bürger angeht, der seinen Müll gedankenlos wegwirft, sondern auch Staaten und Regierungen. Große internationale Konferenzen und Abkommen setzten deutliche Zeichen, so das Kyoto-Protokoll von 1997, das die Industrieländer verpflichtet, ihren Ausstoß an umweltschädlichen Treibhausgasen zu verringern. Auf diesem Weg heißt es, weiterzugehen.

Zeittafel

4. Jahrtausend v. Chr.
Sumerer wandern in Mesopotamien ein

um 2500 v. Chr.
Pyramiden von Giseh

1729-1686 v. Chr.
Hammurabi von Babylon

1600-1200 v. Chr.
Mykenische Kultur in Griechenland

um 850 v. Chr.
Etrusker wandern in Italien ein

587 v. Chr.
Nebukadnezar zerstört Jerusalem. „Babylonische Gefangenschaft" der Juden

um 500 v. Chr.
Rom wird Republik

480/479 v. Chr.
Persischer Angriff auf Griechenland zurückgeschlagen

431-404 v. Chr.
Peloponnesischer Krieg

323 v. Chr.
Tod Alexanders des Großen. Beginn der Diadochenkämpfe

216 v. Chr.
Sieg Hannibals in der Schlacht von Cannä

146 v. Chr.
Zerstörung Karthagos

44 v. Chr.
Cäsar wird Diktator auf Lebenszeit und kurz darauf ermordet

31 v. Chr.
Seesieg Octavians über Mark Anton bei Actium

um 33
Kreuzigung Jesu in Jerusalem

98-117
Unter Kaiser Trajan größte Ausdehnung des Römischen Reiches

375
Hunnen dringen über Wolga und Donau nach Westen vor. Zerstörung des Gotenreiches, Beginn der Völkerwanderung

391
Christentum wird Staatsreligion im Römischen Reich

451
Niederlage der Hunnen in der Schlacht auf den Katalaunischen Feldern

476
Absetzung des letzten weströmischen Kaisers Romulus Augustulus

529
Benedikt von Nursia gründet das Kloster Monte Cassino

622
Mohammeds Flucht aus Mekka. Beginn der islamischen Zeitrechnung

732
Karl Martell besiegt die Araber bei Tours und Poitiers

800
Kaiserkrönung Karls des Großen in Rom

919
Der Sachsenherzog Heinrich wird zum König gewählt,
Beginn der deutschen Reichsgeschichte

988
Übertritt des Großfürsten Wladimir von Kiew zur Ostkirche

ab 1006
Muslime setzen sich in Nordwestindien fest

1066
Normannen besetzen England

1099
Die Kreuzfahrer erobern Jerusalem

1184
Mainzer Pfingstfest, das staufische Kaisertum auf der Höhe seines Ansehens

ab 1206
Mongolen unter Dschingis Khan beginnen ihre Eroberungszüge

1215
Englische Barone trotzen ihrem König Freiheitsrechte ab („Magna Charta")

1241
Mongolenschlacht bei Liegnitz

1291
Ewiger Bund der Schweizer Eidgenossen

1337-1453
Hundertjähriger Krieg zwischen England und Frankreich

1348-1350
Pest in Europa

1370
Friede von Stralsund. Die Hanse auf dem Höhepunkt ihrer Macht

1414-1418
Konzil von Konstanz

1453
Eroberung von Konstantinopel durch die Türken, Ende des Oströmischen Reiches

Um 1480
Iwan III. von Moskau schüttelt Mongolenherrschaft ab

1492
Christoph Kolumbus entdeckt Amerika

1517
Thesenanschlag Martin Luthers in Wittenberg

1545-1563
Konzil von Trient

1555
Augsburger Religionsfriede zwischen Lutheranern und Katholiken

1588
Untergang der spanischen Armada, Beginn der Seegeltung Englands

1618-1648
Dreißigjähriger Krieg

1776
Unabhängigkeitserklärung der USA

1789
Ausbruch der Revolution in Frankreich

1806
Franz II. legt die Kaiserkrone nieder

1814/1815
Wiener Kongress

1848
Nationalversammlung in der Frankfurter Paulskirche

1869
Eröffnung des Suezkanals

1904/05
Russisch-japanischer Krieg

1912
China wird Republik

1914-1918
Erster Weltkrieg

1917
Oktoberrevolution in Russland

1924
Stalin an der Spitze der Sowjetunion

1933
Hitler zum Reichskanzler ernannt, „Machtergreifung“

1939-1945
Zweiter Weltkrieg

1945
Potsdamer Abkommen. Atombombenabwurf auf Hiroshima und Nagasaki

1949
Gründung der Bundesrepublik und der DDR. Sieg des Kommunismus in China

1957
Unterzeichnung der Römischen Verträge, Gründung der EWG

1989-1991
Auflösung des Ostblocks

1990
Beitritt der Länder der DDR zur Bundesrepublik Deutschland

1997
Kyoto-Protokoll zur Verringerung der Treibhausgase

2001
Angiff von Al-Qaida-Terroristen auf das World Trade Center in New York

Stichwortverzeichnis

Bildnachweis:
akg-images: S. 45, 79, 89; Keystone: S. 31, 103, 113.

Reinhard Barth wurde 1943 geboren. Nach dem Studium der Geschichte, Germanistik und Philosophie arbeitete er zunächst als Hörspielautor für den Rundfunk, bevor er sich ganz dem Schreiben historischer Beiträge für Zeitschriften und Lexika widmete. Wenn Reinhard Barth nicht gerade an seinem Computer sitzt, geht er – bei Wind und Wetter – mit seinen Hunden spazieren.

Constanze Guhr, geboren 1975, wuchs in Leipzig auf und studierte in Berlin Bildende Kunst. 2001 erschien ihr erstes Kinderbuch, seitdem arbeitet sie als freischaffende Illustratorin für verschiedene Verlage und für Zeitungen und Magazine. Dafür fährt sie jeden Tag vom schönen Müggelsee ins Atelier im Prenzlauer Berg.